ÉTUDE

SUR LA CONQUÊTE DE L'ESPAGNE

PAR LES ARABES,

ET SUR CELLE DE L'ALGÉRIE

PAR LES FRANÇAIS.

Imprimerie de L. MARTINET, rue Mignon, 2.

ÉTUDE

SUR LA
CONQUÊTE DE L'ESPAGNE

PAR LES ARABES,

ET

SUR CELLE DE L'ALGÉRIE

PAR LES FRANÇAIS,

Par M. VICTOR THOMAS,

COLONEL DU 11e LÉGER.

Publiée avec l'autorisation de M. le Ministre de la Guerre.

—

EXTRAIT DU SPECTATEUR MILITAIRE.

—

PARIS,

A LA LIBRAIRIE MILITAIRE DE J. DUMAINE,

30, RUE ET PASSAGE DAUPHINE.

1852.

ÉTUDE

SUR LA CONQUÊTE DE L'ESPAGNE

PAR LES ARABES,

ET SUR CELLE DE L'ALGÉRIE

PAR LES FRANÇAIS.

Préliminaires.

Les études sur l'Algérie se sont multipliées depuis vingt ans, et chaque jour la lumière se fait au travers d'une histoire nébuleuse dont les pages semblent avoir été dispersées par le vent des révolutions qui ont passé sur cette terre mouvante d'Afrique. Le désir de connaître le peuple arabe, qui apparaît si souvent à nos imaginations sous un prisme féerique, a donc porté beaucoup de lecteurs à étudier un ouvrage remarquable, récemment publié par un écrivain déjà connu. M. Louis Viardot possède, comme historien, un mérite trop réel pour qu'il puisse entrer dans notre esprit de le contester ; et, en étudiant son nouvel écrit, nous avons été trop frappé de l'étendue et de la variété de ses recherches pour ne pas nous hâter de reconnaître avant tout la valeur de ce livre au point de vue purement historique. Mais, après avoir rendu cet hommage au talent, nous ne craindrons pas de critiquer le point de vue philosophique auquel s'est placé l'auteur, et il nous sera permis, à nous qui vivons au milieu des populations musulmanes, arabes et osmanlis depuis dix-sept ans, de combattre une opinion contraire à nos convictions et de livrer à notre tour au public quelques appréciations sur le caractère du peuple arabe.

Dans le monde politique, comme dans le monde philosophique et littéraire de la vieille Europe, deux grands camps paraissent confondre les diverses nuances des partis de toute nature. Là, deux écoles anciennes comme l'humanité renouvellent leurs luttes avec les armes que la civilisation et l'étude ont mises aux mains des combattants ; et cependant la victoire semble depuis longtemps pencher invariablement du même côté. Ces deux grandes écoles, c'est le rationalisme et le pur catholicisme. Pourquoi nous étendrions-nous sur ces définitions déjà répandues dans le public par maint écrivain moderne ? Il nous suffira de dire, pour bien déterminer le but de cet aperçu, que M. Louis Viardot est un philosophe sceptique, professant des idées absolues qu'il enchaîne par des raisonnements spécieux, et que nous, qui avons parcouru son *Histoire des Arabes en Espagne*, nous applaudissons, contrairement à lui, aux succès des chrétiens dans la Péninsule et à leurs victoires successives sur les musulmans, sur ces étrangers qui leur avaient ravi cette brillante patrie.

Est-ce à dire alors qu'on nous taxera d'esprit faible, parce que nous croyons qu'on ne doit jamais discuter les desseins de la Providence, comme s'évertuent à le faire ces philosophes modernes qui veulent tout expliquer? Et parce que le triomphe de la chrétienté nous semble légitime, moral, et qu'il plaît à notre cœur, dira-t-on que nous n'appartenons pas à l'école du progrès! Quoi! aujourd'hui le monde paraît comprendre que l'islâm est à son déclin, que la corruption et l'ignorance des Arabes leur interdisent de nouvelles conquêtes et propagent la barbarie et l'abjection de l'espèce; et un homme savant, dont les écrits sont déjà répandus en Europe, se lèverait impunément pour combattre ces soi-disant erreurs, ces justes appréciations des peuples cependant; et peut-être que l'opinion, cette reine légère, s'attachera au char de l'un de ces rois du jour.

Espérons que notre faible voix, mue par des convictions sérieuses, appellera l'attention d'autres écrivains sur ce grave sujet, et que l'influence des Arabes sur l'état actuel de l'Europe sera appréciée d'un point de vue autre que celui adopté en particulier par M. Viardot. Nous savons bien que l'esprit du jour tend à saper les traditions, et que c'est lui rendre hommage que de faire ressortir les fautes du catholicisme; mais nous, qui sommes persuadé de sa supériorité morale et de son éternel succès, nous avons le courage de combattre ces tendances funestes.

II.

Caractère de l'ouvrage de M. Viardot. Le Koran ; les Arabes ; les Berbères ; les Maures inconnus en Afrique ; conquête de l'Afrique septentrionale et de l'Espagne par les Arabes.

La pensée primordiale de l'ouvrage, dont nous nous proposons au début de cet écrit de réfuter l'esprit, se résume en ces quelques mots : La faiblesse du pouvoir sous les rois goths méritait une punition, et l'invasion de l'Espagne par les Arabes a été un bienfait. Leur domination fut légitime, modérée et glorieuse : si elle ne s'est pas étendue jusque dans le Nord, cela a tenu à la malencontreuse bataille de Poitiers ; si elle s'est affaiblie dans la Péninsule, il ne faut nullement l'attribuer à l'opiniâtreté des rejetons de Pélage et aux combats incessants dans lesquels les chrétiens eurent presque toujours le dessous, mais bien à l'abaissement du pouvoir des kalifes, à l'ambition des émirs, et, par-dessus tout, à l'œuvre destructrice à laquelle se sont attachés les rois les plus célèbres de l'Espagne, saint Ferdinand, et, en dernier lieu, Charles-Quint. Tel est le canevas de l'idée philosophique qui domine le récit contenu dans le premier volume de cet ouvrage. Mille détails piquants, et toujours présentés avantageusement pour les Arabes, nous devons le reconnaître, viennent remplir le cadre de cette idée constamment apparente, et l'histoire, exposée avec ordre, abonde d'ailleurs en dates et en faits pleins d'intérêt.

Puis, dans son second volume, M. Viardot, conséquent avec ses idées, s'est évertué à démontrer que l'Europe doit en grande partie sa civilisation, ses arts, sa littérature, son agriculture et ses sciences mathématiques et médicales à l'influence des Arabes. Mais, grâces à Dieu, il nous sera facile de démontrer l'exagération de ces aperçus, et c'est afin de présenter des appréciations contraires que nous avons entrepris cet écrit : nos opinions, il est vrai, depuis longtemps s'étaient affermies sur ce sujet, et nous pensions à les faire connaître, mais rien ne nous y obligeait ; et, pour nous arracher à cette indécision, il n'a fallu rien moins que la crainte d'une influence qui pourrait se propager d'autant plus fatalement qu'elle puiserait sa force dans la science et le talent.

Les Arabes dont on parle ont disparu depuis longtemps : la plupart de leurs écrits ont été brûlés et, sauf quelques monuments épars de leur architecture, que nous reste-t-il donc de cette nation si vantée? Sans doute, on peut lui prêter toutes les vertus et lui attribuer une influence conjecturale; cela est facile, car le domaine de l'hypothèse peut être peuplé par les chimères de l'imagination. Mais pour nous, qui vivons au milieu des Arabes contemporains, si nous voulons bien concéder que leurs ancêtres avaient plus d'instruction et d'éducation, plus de valeur et d'unité lorsqu'ils fondèrent les kalifats de Bagdad et de Cordoue, ainsi que les royaumes de Fez, de Tlemcen, de Bougie et de Keirouân, nous déclarons croire sincèrement que les mœurs des tribus n'ont pas varié, que tout l'indique ; et, comme nous pouvons en apprécier la brutalité et l'immoralité, nous éprouvons une certaine fierté à les comparer avec celles des peuples chrétiens.

Il est facile de parler du Koran et de paraître en bien parler ; si peu de personnes le connaissent ! Prétend-on avoir fixé l'opinion de ses lecteurs par la citation de lambeaux choisis dans un ouvrage sur lequel on ne saurait prononcer un jugement sans l'avoir médité ?

Combien il nous est facile de leur opposer une série de passages où les doctrines les plus inhumaines renversent tout l'échafaudage de certains versets restés inaperçus chez les musulmans (1). Mais nous tenons peu à livrer ici un assaut de citations ; c'est d'un examen plus approfondi de la question que ressortira

---

(1) Voici quelques exemples de la tolérance prêchée dans le *Koran* :

Chap. II. —Verset 115. — Ceux à qui nous avons donné le livre, et qui le lisent comme il convient de le lire, ceux-là croient en lui ; mais ceux qui n'y ajoutent pas foi sont voués à la perdition.

Chap. II. — Verset 156. — Ceux qui mourront infidèles seront frappés de la malédiction de Dieu, des anges et de tous les hommes — Verset 157. — Ils en seront éternellement couverts ; leurs tourments ne s'adouciront pas, et Dieu ne tournera pas vers eux ses regards.

Chap. II. — Verset 175. — Dans la loi du talion est votre vie, ô hommes doués d'intelligence ; peut-être finirez-vous par craindre Dieu.

Chap. III. — Verset 185. — Pour ceux qui étaient infidèles et qui moururent infidèles, autant d'or que la terre en peut contenir ne saurait les racheter du châtiment cruel : ils n'auront point de défenseur.

Chap. III. — Verset 114. — Ne formez de liaisons intimes qu'entre vous ; les infidèles ne manqueraient pas de vous corrompre, ils

l'opinion que nous avons entrepris de défendre. Nous nous contenterons ici de faire remarquer que dans ses cruelles recommandations Mahomet a voulu par-

désirent votre perte. Leur haine perce dans leurs paroles, mais ce que leur cœur recèle est pire.

Chap. IV. — Verset 38 — (Extrait). . . . . Vous réprimanderez les femmes dont vous aurez à craindre l'inobéissance ; vous les reléguerez dans un lit à part ; *vous les battrez* ; mais aussitôt qu'elles vous obéissent, ne leur cherchez point querelle. Dieu est élevé et grand.

Chap. IV. — Verset 91. — Ils ont voulu vous rendre infidèles comme eux, afin que vous soyez tous égaux. Ne formez pas de liaison avez eux jusqu'à ce qu'ils aient quitté leur pays pour la cause du Seigneur. S'ils retournaient à l'infidélité, saisissez-les et mettez-les à mort partout où vous les trouverez. Ne cherchez parmi eux ni protecteur ni ami.

Chap. IV. — Verset 143. — O croyants! ne prenez point d'amis parmi les infidèles, plutôt que parmi les croyants. Voulez-vous fournir à Dieu un argument contre vous, un argument irréfragable?

Chap. V. — Verset 19. — Ceux qui disent que Dieu, c'est le Messie, fils de Marie, sont des infidèles. Répondez-leur : Qui pourrait arrêter le bras de Dieu s'il voulait anéantir le Messie, fils de Marie, et sa mère et tous les êtres de la terre?

Chap. V. — Verset 42. — Vous couperez les mains des voleurs, hommes ou femmes, en punition de leur crime. C'est la peine que Dieu a établie contre eux. Il est puissant et sage.

Chap. V. — Verset 56. — O croyants! ne prenez pas pour amis les juifs et les chrétiens ; ils sont amis les uns des autres. Celui qui les prendra pour amis finira par leur ressembler, et Dieu ne sera pas le guide des pervers.

Chap. VI. — Verset 49. — Ceux qui traitent nos signes de mensonges seront atteints par le supplice pour prix de leurs crimes.

Chap. VIII. — Verset 66. — O prophète! excite les croyants au combat. Vingt hommes fermes d'entre eux terrasseront deux cents infidèles. Cent en mettront mille en fuite, parce que les infidèles

ler surtout des idolâtres ses contemporains ; mais comme pas un livre n'est sujet à autant de contro-verses (1) que le Koran, les musulmans ont fait application des préceptes du Prophète aux peuples qui professent une autre religion que l'Islâm (2). Croirait-on qu'un philosophe chrétien puisse s'émerveiller de la grandeur de cette parole de Mahomet : « Les infidèles disent-ils : C'est le Prophète qui a inventé le Koran, réponds-leur : Composez donc un discours semblable ; appelez-y tous ceux que vous voudrez, hormis Dieu. » Et dire que ce défi n'a rien de présomptueux !

Pour nous, qui ne croyons ni à la mission de Mahomet, ni aux promesses du Koran, après avoir longtemps médité ce livre, où nous trouvons de belles pensées, empruntées pour la plupart à l'Ancien Testament, nous ne craignons pas de déclarer qu'il n'est qu'une brillante rapsodie de la Genèse, du Pen-

n'ont point de sagesse. [La guerre d'Afrique donne un certain démenti au prophète.]

Chap. IX. — Verset 23. — O croyants! n'ayez point pour amis vos pères et vos frères s'ils préfèrent l'incrédulité à la foi. Ceux qui y désobéiraient seraient méchants.

Chap. IX. — Verset 29. — Faites la guerre à ceux qui ne croient pas en Dieu ni au jour dernier, qui ne regardent point comme défendu ce que Dieu et son apôtre ont défendu à ceux d'entre les *hommes des écritures* qui ne professent pas la croyance de la vérité (l'islâm) ; faites-leur la guerre jusqu'à ce qu'ils paient le tribut, *tous sans exception*, et qu'ils soient humiliés.

(1) Il y a plus de deux mille commentaires du *Koran*.

(2) Le mot *kâfer* (infidèle) ne doit pas laisser de doute à ce sujet. Le verset 19 du chapitre V donne la définition des infidèles·

tateuque, de l'Évangile et de l'arianisme ; et nous ajouterons qu'écrit dans une belle langue, dont l'harmonie et la forme rimée produit un effet extatique sur l'imagination du peuple auquel il était destiné, il tire en partie sa valeur de la poésie biblique qui y règne (1).

Dans sa réhabilitation du Koran, M. Viardot soutient que c'est à tort que l'on accuse la religion de l'Islâm de fonder une justice impitoyable, barbare, de rendre le mal pour le mal, d'adopter en tout la loi du talion. Rien n'est cependant plus vrai ; car les versets que cite l'auteur, et qui sembleraient devoir détruire l'effet de préceptes longuement et souvent reproduits, passent inaperçus et inappliqués chez les musulmans, parce que les docteurs ne se sont appesantis que sur la loi du talion, qui convient à leurs secrets desseins. Il prétend qu'il y a calomnie à avancer que l'Islâm s'est répandu par le sabre et la violence. Nouvelle erreur d'un homme qui, bien que savant, semble ignorer l'histoire de l'Afrique. D'abord, *Amrou*, lorsqu'il saccagea Alexandrie, huit ans après la mort du Prophète, n'a-t-il pas incendié la bibliothèque de cette ville, trésor à jamais perdu, de crainte qu'elle ne renfermât des livres contraires au Koran. D'un autre côté, on sait que les Berbères forment une population guerrière, indépendante, rusée. Faudrait-il donc admettre que le célèbre guerrier

(1) Moïse était un magicien, Jésus un médecin, Mohammed un poëte. (*Hist. des poëtes persans*, par Daulet-Chah ben Alaï Daulet Ugazi Alsamarcandi.)

Okba, dont les combats sont encore vantés dans les légendes du pays, aurait soumis à l'Islâm ces vaillantes contrées sans employer la terreur ? Cela est contre toute vraisemblance.

Et lorsque les Arabes, vaincus à Keîrouân, reprennent l'offensive sous le commandement de Moussa, ne voit-on pas cet illustre général convertir, en huit ans, à l'islamisme tout le pays situé entre Tunis et l'Atlantique. Et cependant, à cette époque, les Mauritanies étaient encore très peuplées ; l'empire d'Orient n'avait pas renoncé à son protectorat sur l'Afrique ; il faut donc le dire : les villes furent saccagées, les campagnes sillonnées par les cavaliers arabes, et la nouvelle religion fut imposée. Au reste, quelques tribus de l'Yémen étaient venues s'établir anciennement dans le Mâgreb ; les tribus berbères de la plaine ressemblaient aux Arabes par la physionomie, la bravoure, la sobriété, la manière de combattre ; et cette similitude facilita le succès de l'Islâm, annoncé d'ailleurs par une prédiction de Mohammed. Dès lors, il se passa un fait important que toutes les traditions semblent confirmer, et que paraît ignorer M. Viardot.

Les Berbères, bien que musulmans, conservèrent leur indépendance, leurs mœurs, leurs idées sur la propriété, leur langage (1), et ils se dispersèrent,

____

(1) Cette langue berbère s'appelle encore de divers noms dans le nord de l'Afrique, mais il est facile de reconnaître qu'elle a peu varié, malgré la distance qui sépare les lieux où on la parle. On l'appelle *chaouïa* dans les plaines de la province de Constantine, *kabile* dans la zone montueuse qui borde la mer depuis Tunis

partie dans le désert, partie dans la zone montueuse qui borde la Méditerranée ; c'est encore là que nous les retrouvons, dans toute leur pureté, sous la dénomination de Kabiles et de Zenettes.

Quelques Berbères restèrent dans la plaine et s'allièrent aux Arabes qui s'y établirent progressivement ; et c'est ce qui explique pourquoi certaines tribus des plaines, que l'on nomme généralement Arabes, parlent la langue berbère (*chaouïa*) peu altérée.

Nous entrons dans ces explications, parce que M. Viardot, et d'autres auteurs, paraissent attacher beaucoup d'importance aux dénominations qu'ils ont adoptées pour signaler les conquérants ou les dominateurs de l'Espagne, les Arabes et les Maures. Mais nous ferons taire notre humilité à cette occasion, et tout en regrettant que ces considérations anticipent un peu sur l'ordre des dates que nous reprendrons ensuite, nous déclarerons que l'expression *los Moros* (les Maures) représente un mythe ; à cette époque, il n'y a pas de Maures en Afrique : il a plu aux Français, en 1830, d'appeler ainsi quelques négociants des villes, mais rien n'indique que ces hommes soient d'une autre origine que les indigènes arabes ou berbères. La suite de cet écrit prouvera que si l'on a voulu appeler Maures les anciens habitants de la Mau-

jusqu'à Oran, et *zenette* depuis Oran jusqu'à l'Atlantique. C'est encore la même langue que parlent les Béni-Mzâb (Mozabites), les Touârick, ces voleurs du grand désert ; et enfin les gens de Tembouktou se servent aussi dans leur langage de plusieurs mots essentiels de la langue berbère.

ritanie mêlés aux Arabes dans le viie siècle, il eût été mieux de dire tout d'abord que la conquête d'Espagne fut faite par les Maures, à la tête desquels étaient les chefs arabes venus de l'Yémen.

M. Viardot raconte qu'après la chute du kalifat des Omeyades à Cordoue, le célèbre Ioussef ben Tachfîn fut le fondateur, en Espagne, de la dynastie des Almoravides, et par conséquent que de lui date la conquête des Maures.

Il nous semble que cet événement ne commande pas un changement dans la dénomination déjà adoptée. Effectivement, qui est-ce qui dominait et peuplait l'Espagne en 1086? C'étaient les premiers conquérants, les Arabes auxquels étaient mêlés, dans le principe, des bandes d'Africains. Or, Ioussef ben Tachfîn lui-même était d'origine arabe (1); les bandes qu'il amena avec lui en Espagne, et qui le rendirent victorieux à la bataille de Zalaca, étaient en partie d'origine arabe. Pourquoi alors appeler conquête maure un événement qui se résume en un changement de dynastie, les Almoravides à la place des Omeyades sur le trône de Cordoue? D'ailleurs les Berbères ont été et sont encore industrieux, horticulteurs, fiers, plus observateurs de la foi jurée que les Arabes; mais ils tiennent au sol et n'aiment pas le déplacement. Ils ont pu figurer comme musulmans dans ces bandes de Moussa et de Ioussef ben Tachfîn,

____

(1) La tribu des Lamtounnah, à laquelle appartenait cet homme célèbre, se vantait d'être arabe, et les traditions ne mettent pas en doute que Ioussef ben Tachfîn fût un Arabe.

mais ils n'ont jamais été les conquérants ni les dominateurs de l'Espagne. Quelques uns d'entre eux seulement ont marqué dans les drames qui se sont joués à Cordoue, à Grenade et à Séville ; mais ce sont bien véritablement les Arabes qui ont conquis et dominé l'Espagne, et si les Espagnols les ont appelés *los Moros*, c'est en souvenir de la Mauritanie qui avait donné passage aux premiers Arabes.

Cela dit, examinons le caractère de la conquête d'Espagne par les Arabes et par les populations africaines qui concoururent à l'invasion, et hâtons-nous de porter un jugement sur le kalifat des Omeyades à Cordoue, en signalant les principaux événements qui en précédèrent le règne.

III.

Politique des Arabes en Espagne à l'égard des Goths et des Ibères ; bataille de Poitiers ; commencement du kalifat de Cordoue ; Abderrahman Ier ; la science et les écoles chez les Arabes ; considérations sur l'architecture sarrasine ; nuances principales entre l'antiquité et les sociétés modernes ; Abderrahman II ; Abderrahman III ; Hâkem II ; El-Mansour ; ces divers règnes réduits à leur valeur ; indiscipline du peuple arabe.

Une pensée paraît dominer M. Viardot. Les Arabes, dans la conquête d'Espagne, se montrèrent grands, magnanimes, pleins de mansuétude, de générosité, de tolérance à l'égard des vaincus, tandis que plus tard, dans le xve siècle, les Espagnols ont manqué à toutes les lois de la morale et de la tolérance en purgeant leur patrie de la race étrangère. Si dans cet ouvrage les torts réciproques des deux peuples étaient exposés avec l'impartialité de l'historien, nous passerions; mais l'éloge est tellement prodigué aux musulmans, et un amer blâme est si constamment déversé sur les chrétiens, qu'il nous paraît juste de rétablir la vérité.

Ouvrez l'histoire de l'humanité, et vous y lirez que la règle politique le plus suivie par les peuples conquérants a été de ménager les vaincus lorsqu'on n'avait pas résolu une guerre d'extermination : or, dans le VIIIe siècle, déjà cette guerre était impossible dans l'Occident. Sans doute la doctrine de Mahomet est intolérante ; sans doute elle parque les peuples qui vivent en dehors de cette loi superbe, mais l'ambition des premiers chefs venus de l'Orient en dut tempérer les rigueurs.

Profitant de l'immense effet produit par la victoire de Xérès sur le roi goth Rodrigue, le chef Târiq s'avança rapidement dans l'Espagne ; les croyances chrétiennes y étaient fort altérées, la grande majorité de la population y vivait asservie depuis des siècles, et la terreur qu'inspira l'invasion facilita les impérieuses exigences des apôtres de Mahomet. Les vaincus payèrent la dîme, ce fut le signe de la soumission exigée par la loi ; et comme il eût été par trop absurde de détruire la prospérité d'une si riche contrée en en massacrant les habitants chrétiens et juifs, on leur permit d'exercer leur culte.

Ce ne peut donc être que dans un sentiment politique qu'il faut puiser l'explication de cette conduite des conquérants, puisque la Perse, le Korassan, l'Asie

Mineure et l'Indoustan furent inondés de sang par les successeurs de Mahomet, qui y régnèrent tout d'abord par la terreur jusqu'à ce que la communauté des croyances eut rendu plus facile le joug des kalifes abbassides et fâtimites; mais l'invasion des Arabes, dans la Péninsule, réveilla le patriotisme des vieux Ibères étonnés de leurs défaites, et la vue de l'étranger inspira aux montagnards asturiens cette noble haine de l'étranger que les fiers hidalgos ont religieusement gardée durant huit cents ans.

La bataille de Poitiers fut perdue par Abderrahman en 732; et à ce sujet M. Viardot n'a pas été le premier à poser cette singulière question : si la substitution du culte musulman au culte chrétien dans la France, et probablement dans l'Europe, eût nécessairement changé le destin du monde moderne, et si le génie de l'Europe se fût trouvé plus gêné dans son développement et dans son essor par une religion venue de l'Arabie plutôt que par une religion venue de la Palestine.

M. Viardot appartient, nous l'avons dit, à cette classe de philosophes modernes qui font suite à ceux du XVIIIᵉ siècle; le livre de l'*Origine des cultes*, par Dupuys, nous croyons le remarquer, plaît à l'esprit de cet auteur. Certes, nous ne nous amuserons pas à remplir le cadre qui nous est ouvert en traitant la question oiseuse qu'on a posée : nous ne pouvons en admettre les termes. Si le berceau du christianisme est en Judée, nous en faisons remonter la promesse et le Verbe à Dieu, tandis que l'Islàm reste à nos yeux un mensonge dont les siècles commencent à faire justice. Par conséquent, la bataille de Poitiers est un de ces grands signes providentiels devant lesquels les historiens doivent s'abaisser, et la France, ce pays chrétien de la liberté, des arts et des sciences, doit à jamais remercier Dieu d'avoir choisi la Loire pour borne aux projets des musulmans. Mais nous nous réservons de discuter les opinions avancées par plusieurs écrivains modernes concernant l'influence des Arabes sur la civilisation européenne, et de réduire ces appréciations à leur juste valeur par des considérations choisies dans la réalité et basées sur des comparaisons que nos études nous ont permis de faire.

Le règne des kalifes omeyades à Cordoue paraît être l'époque la plus glorieuse de la domination des Arabes en Espagne. Effectivement, c'est sous le premier Abderrahman que les tentatives de Charlemagne échouèrent, et que ses bandes belliqueuses furent écrasées dans les gorges de Roncevaux : alors les princes chrétiens, retirés dans les montagnes des Asturies, ne pouvaient songer à repousser les étrangers, et personne n'osait contester le pouvoir des musulmans. Mais où sont donc les traces de leur grandeur? Lorsqu'on étudie l'histoire de la Grèce et l'histoire de Rome, la puissance et le génie de ces peuples se décèlent par plusieurs signes connus de la postérité : d'abord par l'action de ces grands hommes qui gouvernèrent l'État, par de vastes conquêtes, par les guerres que d'illustres écrivains ont racontées, puis par de magnifiques monuments d'architecture, par des statues, par des édifices de grande utilité publique, par des sciences déjà avancées, enfin par des écrits littéraires, philosophiques et poétiques qui sont encore de nos jours un sujet d'admiration.

Mais le génie du peuple arabe, comment s'est-il montré (1)? Ennemi de toute organisation, n'est-ce pas un ouragan alizé, soufflé par les apôtres fanatiques d'une religion sensuelle, qui, déchaîné sur l'Afrique, puis sur l'Espagne, a déraciné les derniers vestiges de l'empire romain, génie fatal, ce nous semble, puisqu'il a arraché au christianisme des millions d'hommes plongés, eux et leur génération, dans une profonde ignorance.

Examinons l'action de ces kalifes tant vantés, contradictoirement au récit des écrivains espagnols contemporains.

Abderrahman Ier a été le fondateur de la mosquée de Cordoue, qui forme maintenant la plus belle ruine de l'architecture arabe. Mais cela seul suffit-il à la gloire d'un prince? On ajoute que la construction d'une mosquée entraîne toujours celle d'une école et

(1) Le génie du peuple arabe a un point commun avec celui des Tartares de l'Asie. Les plus anciens Arabes sont originaires tous de l'Asie; ce sont : 1° ceux de la tribu de Ad, dont la postérité habita dans la contrée du Hadramaut. Leur premier roi était Ad; un de ses descendants, Schaddâd, fit de grandes conquêtes et porta la guerre dans l'Inde; 2° ceux de la tribu de Thamoud, qui habitèrent dans la contrée du Hédjâz, le long de la mer Rouge; 3° ceux de la tribu de Thasm, qui habitèrent dans le Ahouas et la Perse; 4° ceux de Djédîs, qui demeurèrent dans le pays de Houd, qui est l'Yémen.

d'un hôpital. Réduisons ces assertions à leur juste valeur : il ne faut pas que les mots représentent une idée fausse. On parle de savants, d'écoles, de bibliothèques, d'hôpitaux, d'académies établies en Espagne par les Abderrahman, les Mansour, les Hâkem, et autres chefs musulmans. Qu'est-ce qu'une école musulmane (médreça)? Nous ne parlons pas de celles où l'on enseigne l'A B C aux enfants : déjà cette étude demande du temps, parce que la langue littérale est difficile, mais nous parlons des écoles situées dans les mosquées. Certes leur enseignement n'est pas étendu : apprendre par cœur le Koran, en connaître les interprétations essentielles, lire et commenter Sîdî Krélîl, le principal code traitant du droit et de la législation, extrait en entier du livre sacré ; connaître Sîdî el-Bokrârî (ou el-Hadît, le recueil des paroles et discours du Prophète), puis la grammaire, puis un traité élémentaire d'astronomie, et enfin un cours de théologie, tel est à peu près le programme qui est suivi dans une école musulmane ; et il faut être bien dévoué à un système pour trouver dans ces établissements l'idée première de ces grands colléges de notre époque, qui ont certes plus emprunté aux Grecs et aux Romains qu'aux Arabes.

Or, celui qui sort d'une médreça, sachant bien ces éléments, est surnommé Thâleb el-Elm (recherchant la science), c'est-à-dire le savant accompli. Mais qu'est-ce que la science (el-Elm) pour des musulmans? C'est la connaissance de tout ce qui assure le salut dans l'autre monde défini par Mahomet : le reste n'est que superfluité ; et il a fallu, de notre temps, que le sultan Mahmoud et l'illustre Mohammed-Ali, pacha d'Égypte, employassent rigoureusement leur autorité pour forcer quelques jeunes musulmans à sortir de cette ornière, en les envoyant étudier à Paris et à Londres ; encore est-il juste d'ajouter qu'à peine revenus dans leur pays, et de crainte d'y être mal vus, ces savants, à peine ébauchés, ont repris leurs douces habitudes contemplatives du kief (quiétude), et ont affecté d'oublier cette vaine science recherchée par les chrétiens. Sont-ce là ces savants dont on voudrait parler, ou bien s'agit-il de quelques compilateurs d'Hippocrate ou d'autres auteurs grecs, ou bien encore de ces poëtes persans venus de l'est pour composer quelques vers, dont on ne peut apprécier l'ennuyeuse monotonie qu'après en avoir beaucoup lu (1) ?

En ce qui concerne les bibliothèques accumulées par les kalifes, nous n'avons pas oublié la parole du sauvage Amrou quand il brûla la bibliothèque d'Alexandrie, et nous sommes convaincu que les célèbres collections dont on a parlé ne se composaient uniquement que de ces écrits infinis déduits du Koran, de ce fleuve qui renferme toute science, et de quelques recueils poétiques illustrés des plus beaux dessins cal-

____

(1) Abou-Hassan-Ali ben Massoud el-Haddeli, surnommé El-Massoudi, nous apprend que les Abbassides firent traduire beaucoup de livres grecs en arabe, et le géographe Abderrechîd el-Iakouli dit qu'ils ne savaient rien de ce qui s'était passé sous les Grecs et les Romains en Europe.

ligraphiques (1). Les Espagnols ont, dit-on, brûlé dans le xve siècle tous les livres arabes, uniquement parce qu'ils étaient peints en caractères orientaux. Nous aimons à croire que ceux qui avaient quelque valeur n'ont pas été sacrifiés, et cependant les écrits parvenus jusqu'à nous ne sont pas assez célèbres pour avoir trouvé place dans les nomenclatures littéraires ou politiques. Que faut-il en conclure? C'est qu'ils n'avaient pas grande portée, et que leurs auteurs s'entendent mieux aux légendes qu'à l'histoire ou aux belles lettres (2).

Est-ce que M. Viardot aurait traduit les mots Medjelès et Djémâa (réunion d'euléma) par le mot académie? Nous le craignons; mais il importe de rectifier cette erreur. Nous ne définirons ni l'origine ni le but des académies européennes, de ces illustres aréopages qui ne peuvent vivre qu'au sein de la civilisation la plus avancée; mais quiconque connaît l'Orient peut juger, comme nous, l'incommensurable distance qui sépare une Djémâa musulmane d'une

______

(1) L'art calligraphique a été poussé très loin chez les Arabes; les caractères coufiques, rectangulaires s'y prêtaient; dans les monuments et les écrits on employait de préférence le caractère cherqui (de l'est).

(2) Le livre célèbre intitulé : *Le secret de la nature*, est une compilation de Pline le naturaliste. Nous avons pris la peine de compulser les manuscrits des bibliothèques nationales, et les plus célèbres auteurs persans ont employé uniquement leur temps à faire l'histoire des poëtes de ces contrées : tels sont l'*Histoire de Sam-Mirza* et *Les sept Moallakat*, recueil des poëmes de Am-riolkaïs, Tarafa, Zohaïr, Lebid, Antara, Hâreth et Amr ben-Hillizah. Combien ces livres ont peu de valeur !

académie. Dans chaque ville de l'Islâm, il existe une corporation formée par les euléma (instruits), qui se réunissent de temps à autre en Djémâa pour y traiter des questions municipales ou politiques ; quelquefois on défère à ces Djémâa des procès civils ou criminels d'un ordre élevé, et lorsque la cause prend une grande importance, on forme une autre réunion appelée Medjelès, dans laquelle siégent les kâdis et muftys des divers rites, ainsi que les hommes les plus instruits du pays. Là aussi quelquefois s'agitent les affaires du culte, les interprétations de la loi ; mais jamais on n'y a traité ces questions littéraires, scientifiques, mathématiques, numismatiques ou médicales qui sont du ressort des académies européennes, et nous ne saurions admettre que les Djémâa qui existèrent en Espagne, pas plus que celles qui existent encore dans tous les pays de l'Islâm de ce siècle, puissent avoir la moindre influence sur les lettres et les sciences.

Oui, les musulmans sont généreux, hospitaliers envers leurs coreligionnaires ; ils donnent la dîme aux pauvres, ne les repoussent jamais, et toutes les mosquées leur sont ouvertes, ainsi qu'aux malades : c'est là que des mendiants, des infirmes viennent s'abriter et se nourrir. Mais le génie antiorganisateur de ce peuple l'a arrêté dans la création des grands édifices d'utilité publique, et jamais aucune tradition n'a dit que les kalifes fondèrent des hôpitaux en face des mosquées. Les malades sont livrés à eux-mêmes ; le fanatisme éloigne leur pensée de la guérison ; ils attendent peu de la science, et ne croient qu'aux remèdes

violents de quelques empiriques. Mahomet était op-
posé à la médecine, et si Avicenne (Ali ben Sîna) et
Averroës (Ben Rouchd) ont écrit sur cet art probléma-
tique, ils ont péché, et c'est ce qui explique le profond.
mépris qui les a enveloppés ; car, depuis 900 ans,
pas un Arabe n'a écrit un livre important sur la médecine.

Et pour clore ces considérations, examinons bien le
caractère de l'architecture sarrasine ; car dans ses
rares débris gît à nos yeux la plus glorieuse trace de
la domination arabe en Espagne.

Qu'est-ce que l'architecture byzantine ? N'est-elle
pas une innovation entée sur l'architecture grecque
classique, avec imitation du style sarrasin. Et ce dernier style existait-il avant Byzance ? Tout l'indique.
Or, le caractère du style sarrasin, c'est l'ogive varia-
ble dans ses formes. Mais faut-il en attribuer l'invention aux Arabes, lorsqu'il est démontré aujourd'hui
que, dans les monuments de la plus haute antiquité
trouvés en Asie Mineure, dans l'Inde et au Mexique,
l'ogive existait. Et doit-on s'en étonner ! Est-ce que,
dans la gradation des connaissances humaines, la
rencontre de deux courbes n'est pas plus simple que
la construction du cintre parfait, déjà l'une des combinaisons bien plus avancées des efforts de la science ?
L'origine de l'ogive est donc obscure. Ce qu'on peut
affirmer, c'est que cette forme, retrouvée dans les
vieilles pagodes de l'Inde, ce berceau de l'humanité,
s'est propagée en Germanie par les relations avec
Constantinople, et en France, d'un côté par l'influence

des croisades, et de l'autre par celle des Arabes dominateurs de l'Espagne. Mais il faut reconnaître que,
dans ces monuments gothiques qui font notre admiration, mille détails charmants se sont introduits, qui
viennent de sources diverses, et l'ogive ne fait pas
seule la beauté de ces édifices ; la variété des coupoles,
des tours, des arcs-boutants et des galeries latérales,
y est tout aussi digne de remarque. Les temples romains, insuffisants pour un public nombreux, ont été
agrandis par des galeries latérales, et ont donné naissance aux basiliques chrétiennes, dans lesquelles
l'ogive a pris mille formes diverses, soit dans les
voûtes, soit dans les cloîtres. Puis sont venus ces den-
telures et ces travaux d'une patience infinie, qui sont
la gloire du moyen âge, et qui s'harmonisaient avec
la liberté du génie chrétien, lequel, comprimé par
l'organisation sociale de la féodalité, s'abandonnait
dans l'allure indépendante de cette architecture.

Sans doute, nous aimons à le redire, les Arabes,
mêlés aux Mozarabes d'Espagne encore tout empreints
de la science et des traditions gothiques, ont laissé
quelques beaux monuments d'architecture à Tolède,
à Cordoue, à Grenade, à Séville ; mais il est un fait
digne de remarque, c'est que ces mêmes Arabes, livrés à eux-mêmes en Afrique et dans l'Orient, n'ont
plus produit un de ces grands monuments qui indi-
quent à la postérité le génie du peuple qui a passé (1).

______

(1) Les mosquées du Kaïre, de Damas et de Bagdad, ne peuvent
faire époque en architecture : ce ne sont point les modèles d'un

Il semble que les peuples musulmans, et particulièrement les Arabes, ont été simplement les facteurs de
l'Inde, dont ils nous ont apporté des usages et des
traditions; puis, qu'après avoir accompli cette mission,
ils ont commencé à décliner.

Cependant, en lisant l'ouvrage de M. Viardot, on
serait tenté de croire que leur domination en Espagne
y a marqué une époque de travail et de prospérité,
sous le rapport scientifique, artistique et matériel.
C'est cette opinion que nous nous efforçons de réfuter.

Quelle est la grande nuance qui distingue surtout
l'antiquité de la civilisation européenne? C'est l'organisation du travail et sa réhabilitation chez les sociétés
modernes. Parmi les Égyptiens et les Grecs, parmi
les Latins et les Européens du moyen âge, le travail
y était en déshonneur, parce qu'il était exclusivement
attribué aux esclaves et aux serfs. Ces grands édifices,
dont les ruines imposantes étonnent encore le monde,
étaient élevés par les bras des peuples vaincus et traî-
nés en servitude; ce sont ces monuments qui attestent
tout à la fois le génie des siècles passés et le règne de
la force sur l'idée. Puis Mahomet est apparu, et l'esclavage a été confirmé par le Koran; et, bien que la
loi en ait adouci les rigueurs, c'est, chez les peuples de
l'Islâm, aux esclaves et aux rayas que le travail est
dévolu. Et si quelques exceptions, produites depuis

style, et il n'existe pas sur la côte septentrionale de l'Algérie, longue de 800 lieues, une seule mosquée digne d'être citée dans une
étude artistique.

trente ans par la Turquie et l'Égypte, paraissent in-
firmer cette assertion, il est facile d'observer que l'autorité seule des princes modernes (le sultan Mahmoud
et Mohammed-Ali) est parvenue à vaincre des difficultés
presque insurmontables qui arrêtent encore la Turquie dans l'élan que veut lui imprimer le ministre ré-
formateur Rechîd-Pacha, difficultés que n'aplanira
certes pas l'ambitieuse Russie, parce qu'elles entre-
tiennent ses espérances de conquête.

Aussi, bien que les Arabes en Espagne se soient
montrés agriculteurs et constructeurs, nous cherchons
en vain quels sont les progrès qu'ils ont légués aux
arts utiles. Ces mosquées qu'ils ont élevées, ils en
avaient puisé les plans dans leurs relations avec l'Asie,
et ces travaux hydrauliques si vantés qu'ils ont laissés
dans la Péninsule étaient indispensables à leur vie
sous cette région brûlante ; mais ils n'accusent pas de
hautes conceptions, et pas un des aqueducs de Grenade ne saurait être comparé au pont du Var, dans
l'ordre latin, ou à l'aqueduc de Roquefavour, près
Marseille, l'un des beaux travaux du siècle. Nous ne
voyons donc pas surgir dans cette société ces grandes
manufactures et ces puissantes machines qui sont la
gloire des industries modernes. Là nous voyons le
génie chrétien se développer librement dans sa générosité ; ses créations ont du moins pour but de dimi-
nuer les labeurs de l'homme, qui reporte ainsi ses
nobles facultés sur des travaux plus dignes de ses
efforts, tandis que chez les musulmans, qu'on voudrait
nous dépeindre comme les créateurs de la chevalerie,

cette belle institution qui changea les destinées du moyen âge, nous voyons que les femmes y vivent dans l'abjection, ce qui pour nous est un signe évident de la barbarie de cette société. Réduites qu'elles sont au rôle de femelles, elles peuplent le foyer d'enfants animés pour elles de sentiments altérés ; en vieilllissant, elles se voient remplacées dans la couche du maître par de plus jeunes épouses qui règnent là où elles régnèrent ; et oubliées dans la maison, réduites aux dernières fonctions, elles y perdent ce prestige de la maternité et cette autorité qui permettent aux mères de former au foyer domestique ceux qui doivent un jour figurer comme citoyens au milieu d'une nation civilisée. Abruties par les travaux les plus matériels et les plus fatigants, elles perdent ce parfum si suave, si délicieux que Dieu leur a imprimé pour assurer l'existence du genre humain. Est-ce qu'un peuple n'est pas jugé et classé à la queue de la civilisation, lorsqu'il emploie encore les femmes, ces faibles et nobles créatures, à remuer péniblement des moulins à bras pour réduire le grain en farine? Que nous importe une exception à ces règles observées encore aujourd'hui depuis le Sénégal jusqu'à l'Inde? Abderrahman III, nous dit-on, bâtit près de Cordoue une habitation féerique, à laquelle il donna le nom de Médinet-Zohra (la ville de Zohra), par amour pour sa favorite. Grâces à Dieu, même chez les peuples les plus barbares, il surgit quelques princes qui devancent leur époque par le goût et par l'idée : ce kalife était un homme de goût. La description que M. Viardot s'est appliqué à tracer de ce palais merveilleux, dont aucune trace ne rappelle aujourd'hui l'existence, nous semble inspiré par l'esprit de ces contes fantastiques dont l'auteur s'est nourri. Sans doute M. Viardot n'ignore pas complétement la langue arabe, bien que son ouvrage contienne beaucoup de mots mal orthographiés et mal traduits en français; mais on dirait qu'il n'a vécu que dans les bibliothèques, et que jamais il n'a approché les musulmans, nos contemporains, très peu différents en beaucoup de lieux de leurs ancêtres. Il s'est fait l'historien arabe de l'Espagne, et il doit naturellement faire l'éloge des kalifes qui ont exterminé le plus de ces chrétiens espagnols, qu'il traite en étrangers, qui ont eu l'audace, pendant huit siècles, de lutter contre les populations mahométanes. Aussi Abderrahman III est-il l'objet de ses louanges. Mais sont-elles justes envers celui qui fit trancher la tête à son propre fils, disant : « Je suis roi, je dois penser à l'avenir et donner à mes peuples l'exemple d'une inflexible justice. » Oui, la justice doit être égale pour tous, mais le père orgueilleux qui offense la nature en immolant son fils n'a pas le cœur d'un grand homme. J'aime mieux l'agriculteur Hâkem II que le monstrueux Abderrahman III, s'il est vrai que Hâkem encouragea les arts utiles. Mais là encore je vois une exagération flagrante lorsqu'on dit que le règne de Hâkem II est une espèce de siècle d'Auguste, parce que ce kalife fit venir à sa cour quelques poëtes persans et syriens, et parce qu'il composa lui-même un recueil de poésies inconnues. Laissons chanter ces bouches d'élite si rares, qui, inspirées par le souffle poétique, annoncent à leur peuple qu'il est des joies infinies dans la pensée; mais que ceux auxquels la Providence a confié les rênes du gouvernement donnent à l'humanité des gages plus réels de leur amour.

Le célèbre ministre El-Mansour avait relégué le kalife Heschâm II dans le harem, et il gouverna longtemps l'Espagne en l'arrosant du sang des chrétiens versé dans maints combats qui édifièrent sa gloire; mais quel progrès fit-il faire à la civilisation? El-Mansour fut humain après la victoire; il aimait la compagnie des savants et des poëtes, d'où l'on a conclu qu'il encourageait les belles-lettres.

Mais encore une fois, nous n'admettons pas que le mot arabe *aalem* signifie autre chose que *savant*, c'est-à-dire connaissant ce qui doit conduire au salut. Cette science-là n'a aucun rapport avec les belles-lettres. De ce que El-Mansour fréquentait les euléma (instruits), il faut simplement en induire qu'il aimait à entendre parler de religion, de législation et de droit. Peut-être aussi éprouvait-il du plaisir à ententendre réciter des vers : nous ne contesterons pas aux Arabes leur prolixe facilité pour la versification, mais nous ne connaissons pas parmi eux un seul poëte qui vaille le Dante.

Il en est de cette opinion émise par ceux qui veulent que tout progrès en Europe procède des Arabes, comme de celle avancée par M. Viardot, au sujet du kalife Abderrahman II, auquel il attribue l'honneur de l'invention des postes, parce qu'il avait ordonné qu'un homme fût désigné dans chaque district pour porter les dépêches du gouvernement. Mais est-ce que dans les régions les plus barbares, chez les tribus de l'Afrique septentrionale, comme au Soudan et au Dârfour, des cavaliers n'ont pas toujours été employés comme courriers? Est-ce qu'avant l'entrée des Français en Algérie, le dey d'Alger ne communiquait pas avec le bey de Constantine en vingt-quatre heures? Est-ce que l'émir Abd el-Kâder n'avait pas installé dans chaque tribu un service de cavaliers toujours prêts à lui faire connaître les nouvelles importantes? Mais de ces relations à celles établies par l'administration actuelle des postes, quelle incommensurable distance! on ne saurait la combler par de pareilles citations.

Enfin, pour terminer cette rapide analyse du règne des kalifes Omeyades à Cordoue, nous ajouterons que nous ne saurions admettre la comparaison que M. Viardot établit entre la grandeur de l'empire de Charlemagne et celle de l'empire des kalifes. Charlemagne, durant sa vie, avait réuni sous le même sceptre une grande partie de l'Europe; les Saxons, les Bavarois, les Esclavons, les Italiens avaient accepté l'autorité du grand empereur, auquel Hâroun el-Réchîd lui-même envoya une ambassade; tandis que les kalifes de Bagdad ne régnèrent que nominalement sur l'Inde, le Korassan, la Perse, l'Égypte, l'Afrique et l'Espagne. Effectivement, à peine ces conquêtes furent-elles accomplies par le sabre de l'islâm, que diverses familles, les descendants d'Omeya (les Omeyades), les Abbassides, les Fâtimistes, etc., se disputèrent le pouvoir de ces contrées éloignées.

Mahomet a sans doute prêché l'unité de Dieu; mais s'il a pensé que, pour donner une preuve de cette unité, il fallait que ses successeurs régnassent seuls spirituellement et temporellement sur le monde musulman, il a rêvé une impossibilité démontrée par l'histoire, et pas un peuple de l'univers n'a donné autant de preuves d'indiscipline et de division que le peuple arabe, dont l'indépendance est inhérente au sang des premiers enfants de Sem.

IV.

Le manque d'autorité chez les Arabes et les entreprises des Espagnols décident les Musulmans d'Espagne à appeler à leur secours un émir du Maroc, Ioussef ben Tachfîn ; bataille de Zalaca ; règne des Almoravides et des Almohades sur l'Afrique et sur l'Espagne ; bataille de las Navas de Tolosa (1212).

L'ambition des Ouâli (commandants), jointe à leurs dissensions, amena le démembrement du kalifat de Cordoue : le grand divan, saisi de crainte à la vue des empiétements du roi de Castille, Alphonse, songea à appeler au secours des musulmans d'Espagne, le célèbre Ioussef ben Tachfîn qui, déjà maître du Mâgreb, saisit avec empressement l'occasion qui lui était offerte de s'emparer d'un pouvoir perdu par les Omeyades. Il débarqua donc en Espagne suivi de 300,000 combattants, vainquit les Espagnols à Zalaca, en 1086, et installa son fils aîné émir de l'Espagne, à Cordoue, en 1103.

Cette nouvelle dynastie ne régna pas longtemps en Espagne. Les Almoravides, conduits par un inspiré, avaient détruit l'émirat du Maroc et de Fez; à leur tour les populations du sud du Mâgreb, excitées par un de ces nombreux illuminés, Mahdi (1) (conducteurs), qui surgissent constamment dans les pays de l'Islâm, ravagèrent l'ancienne Mauritanie Tingitane, et sous le nom de El-Mohhad (unitaires), ils s'emparèrent du pouvoir et renversèrent les Almoravides, d'abord en Afrique, ensuite en Espagne. Il a plu à certains auteurs de dire que Almoravides venait du mot El-Merâbethîn (les marabouts), d'où l'on a conclu que les marabouts, qui existent encore chez les indigènes de la côte d'Afrique sont les descendants des Almoravides, cette dynastie qui régna sur l'Espagne et le Mâgreb : cette déduction est complétement fausse.

Il y a deux espèces de merâbethîn : ceux qui, durant leur vie, ont fait le bien et ont édifié le public par leur sainteté, ce sont les marabouts ensevelis sous ces petits dômes blancs répandus sur le sol de l'Afrique. Il existe encore des marabouts dans les tribus, et il en est de favorables à la domination des Français.

On appelle également merâbethîn, du mot ribât (attache), ces hommes attachés durant un certain temps à cette œuvre qu'on appelle el-djihêd (la guerre sainte contre les infidèles); ainsi, lorsque Ious-

(1) Lors de la conquête de l'Égypte par les Français, le général Bonaparte eut à combattre les intrigues d'un mahdi. Le premier des Almohades était un mahdi du nom de Mohammed ben Abdallah, qui descendait d'Ali par naissance. Sa famille s'était établie dans le Magreb du temps d'Okba ben Nâfé. Le règne des Almohades dura 152 ans, sous treize princes [de 1121 à 1240], et Fez resta sans chef jusqu'à l'avénement des Beni-Merin. (Extrait du *Livre des Perles*, par Schah Abedîn Ahmed el-Mokri-Alfâssi.)

sef ben Tachfîn passa le détroit avec une armée formidable, tous ceux qui l'accompagnèrent prirent le nom d'el-merâbethîn, parce qu'ils restèrent un certain temps dans le ribât (attache). Il en est encore ainsi de nos jours pour tous ceux qui se vouent à la guerre sainte, et qui quittent pour un temps plus ou moins long leur pays et leur famille : durant cette absence, causée par le djihêd, ils sont merâbethîn (littéralement, attachés aux devoirs qu'ils se sont imposés).

Qu'il reste donc bien entendu que les marabouts actuels ne sont pas les descendants des Almoravides, qui prirent ce titre d'el merâbethîn, parce qu'ils quittèrent pour longtemps leur pays, afin de se livrer à la guerre sainte en Espagne.

Nous avons déjà dit que l'avénement des Almoravides au kalifat de Cordoue ne constituait pas un changement total dans la domination des musulmans en Espagne. Nous insisterons encore sur cette opinion.

Dans le principe, que s'est-il passé? Les Arabes sarrazins, ainsi appelés des mots charquîn (orientaux), ou sâraquîn (voleurs), firent la conquête de l'Afrique septentrionale, de cette vaste zone où ils n'éprouvèrent pas de grandes difficultés à vaincre, parce que cette région, assez semblable à l'Arabie lórsqu'on s'éloigne du Tell, contenait beaucoup de tribus d'origine sémitique. Aussi était-ce la préférée des Arabes qui s'y établirent et s'y mêlèrent tout d'abord aux anciens habitants. Puis les premiers conquérants arabes, suivis de toutes ces populations nouvellement converties à l'Islâm, fondèrent leur puissance dans le Magreb et en Espagne. Mais une émigration continuelle se fit dès l'entrée de Târik en Andalousie, entre l'Afrique et la Péninsule; sans doute que, dans ces masses d'hommes qui passaient le détroit, les Arabes formaient la race noble, parce qu'elle avait fait la première conquête; mais tout d'abord il se mêla aux musulmans d'Espagne beaucoup d'hommes d'origines diverses, et ce fait n'acquit pas plus d'importance, dans le XIe siècle, sous le règne des Almoravides et des Almohades, qu'il n'en eut dans le principe. Le mélange s'était fait rapidement, dès le VIIe siècle, entre les Arabes et les tribus africaines de la plaine; alors les Berbères seuls avaient résisté à cette alliance (1); ils se retranchè-

(1) Extrait des manuscrits des Bibliothèques nationales :

« Il n'y a point de doute, dit Tabari, que la nation des Berbères descend des Amalécites. Ce fut Afrîkis, prince himyarite, qui les transféra, par ordre du prophète David, dans les pays éloignés où ils sont aujourd'hui, et cette contrée prit le nom du chef sous la conduite duquel cette colonie était venue s'y fixer, et fut nommée Afrîkîa [royaume actuel de Tunis]. Afrîkis, voyant qu'ils murmuraient après, leur dit : « Ces Chananéens murmurent [iéberbérous] de ce que je les ai fait passer d'une terre stérile dans un lieu de fertilité et d'abondance. » C'est de là que leur vint le nom de Berbers [murmurants].

Suivant l'opinion d'Abd-Olbarr, dans son *Traité des généalogies*, les Berbères ont une origine commune avec les Égyptiens, qui sont les descendants de Kibt, fils de Cham, fils de Noé. Kibt s'établit en Égypte; sa postérité y demeura, et c'est sur ses descendants que régnèrent les Pharaons. De ces Égyptiens est sortie la nation des Berbers. Quant à leur nom, voici quelle en est l'origine. Le royaume d'Égypte étant passé à Kaïs-Aïlân, un de ses fils, nommé

rent dans leurs montagnes, et aucune tradition ne prouve qu'ils les aient jamais quittées. Quant aux Almoravides et aux Almohades, ces sectaires, qui don-

Berr, se sépara de lui pour quelques sujets de mécontentement qu'il avait contre son père et contre ses frères, et il vint s'établir dans le Magreb; ce qui fit dire de lui *Berberra* [Berr dehors], c'est-à-dire Berr s'est retiré dans le désert, et depuis ce temps on lui donna le nom de *Berberr*.

On rapporte une parole de Mahomet, dans laquelle il est fait mention de ces peuples sous le nom de *Berbers* : « J'aurai, a dit ce prophète, de zélés défenseurs qui prendront ma race sous leur protection ; les Berbers donneront une retraite à mes descendants et leur rendront toute sorte d'honneurs. On dit que la mission de Mahomet leur avait été annoncée par plusieurs de leurs ancêtres. Après la conquête de l'Égypte par les musulmans, sous le kalifat d'Omar, six hommes du pays des Berbers vinrent se présenter à Amrou ben al-As, qui gouvernait cette province; ils avaient les cheveux et la barbe rasés. Amrou leur demanda quel était le sujet de leur voyage; ils lui répondirent que c'était le désir d'embrasser l'islamisme, conformément aux avis qu'ils avaient reçus de leurs aïeux. Amrou les envoya à Omar et l'informa de la réponse qu'ils lui avaient faite. Lorsqu'ils parurent devant Omar, il fut obligé de se servir d'un truchement pour leur parler, parce qu'ils ignoraient le langage des Arabes. Omar les interrogea sur leur origine; ils lui dirent qu'ils étaient les descendants de Magreb. Le kalife s'informa de ceux qui étaient présents, s'ils avaient jamais entendu parler de cette famille. Alors un cheik de la famille des Koreïch, répondit : « Prince des fidèles, ce sont les Berbers qui descendent de Berr, fils de Kaïs-Gaïlan; Berr, ayant quitté son père et ses frères, s'établit dans le Magreb, et on dit de lui : *Berr berra*, Berr s'est établi dans le désert. » Omar leur demanda alors quel était le caractère distinctif de leur nation. « C'est, lui dirent-ils, que nous faisons grand cas des chevaux, et que nous n'aimons pas à bâtir. » « Avez-vous des villes? » leur dit Omar. « Non, » lui répondirent-ils. Le kalife leur demanda encore s'ils étaient dans l'usage de placer des signes sur les chemins pour indiquer les routes aux voyageurs,

nèrent des princes au Magreb et à l'Espagne, ils sur-
girent dans les régions méridionales du Maroc, longtemps exploitées par tous les fanatiques qui rêvaient
le pouvoir, et au milieu des tribus qui se vantaient
d'être venues de l'Yémen.

Abd-el-Moumîn fut le plus célèbre des chefs almohades ; ses successeurs, Ioussef-ben-Iakoub et Iakoub-
ben-Ioussef, pour affermir leur pouvoir, commirent
des atrocités dans leur propre famille. L'un d'eux ga-
gna d'abord à Alarcos une bataille contre le roi Alphonse IX ; mais bientôt après ils furent complétement
défaits à las Navas de Tolosa, en 1212, et l'Almohade
Mohammed se retira au Maroc, laissant le gouvernement de l'Espagne au grand divan, créé à la chute
des kalifes. Puis bientôt de nouvelles combinaisons
portèrent sur le trône du Maroc l'ouâli de Séville, el-
Mâmoun-ben-Iakoub, encore cité par ses cruautés
dans les légendes algériennes.

et ils lui dirent qu'ils ne connaissaient pas cet usage. « Je me sou-
viens, dit alors Omar, qu'étant un jour près du Prophète de Dieu,
dans une de ses expéditions, je considérais en pleurant le petit
nombre de troupes qui le suivaient, et Mahomet, s'en étant aperçu,
me dit : « Omar, ne pleure pas, Dieu relèvera la gloire de cette
religion en associant à ses défenseurs un peuple qui habite le
Magreb, qui n'a ni villes, ni places fortes, ni marchés, et qui ne
place point des signes sur les chemins. Louange à Dieu, ajouta le
kalife, qui m'a fait la grâce de voir les hommes de cette nation. »
Omar les combla d'honneurs et de présents et leur donna le commandement de toutes les troupes de leur pays qui viendraient se
joindre à eux. Il écrivit en même temps à Amrou ben al-As, et lui
ordonna de les mettre à la tête de l'armée des musulmans.

V.

Décadence des Arabes en Espagne ; avénement des Béni-Mérin au
trône de Fez ; formation des royaumes de Kérouân, de Bougie
et de Tlemcen ; avénement des Edrissiïn et des Alaouïn au trône
du Maroc ; prise de Cordoue, de Valence et de Séville par les
Espagnols sous le roi saint Ferdinand ; formation du royaume
de Grenade.

Enfin apparaissent en 1224 saint Ferdinand de
Castille et Jacques Ier, roi d'Aragon. De cette époque
date la décadence des musulmans en Espagne. Chas-
sés d'abord des Baléares, la famille des Almohades
se réfugia au Maroc et fut noyée dans le sang versé
durant de longues années. Elle cessa donc de com-
mander à l'Espagne. Ce fut alors qu'une foule de
prétendants appartenant à la tribu des Béni-Mérin, se
disant descendants du Prophète [chorafâ], se disputèrent l'empire du Magreb duquel se séparèrent le
royaume de Kérouân, dont le centre avait été trans-
porté à Tunis, le royaume de Bougie et le royaume
de Tlemcen. Cette dernière ville contenait, à la fin du
XIVe siècle, environ 300,000 âmes, à en juger par ses
immenses ruines, dont il est facile de suivre aujour-
d'hui le magnifique développement (1). Alors la famille des Ouled-Ziân commandait au pays appelé

(1) Voici quelques renseignements puisés dans les manuscrits
des Bibliothèques nationales, qui prouvent que Tlemcen était une
ville importante dans le XIIIe siècle, époque à laquelle un certain
géographe musulman peu connu la visita.

Tlemsan, disait-il, est une ville environnée de murs ; elle est

El Mâgreb-el-Oust [l'ouest du milieu] et qui s'étendait de Tlemcen à Tunis. Ce fut saint Louis qui ôta, à Tunis, le pouvoir aux membres de la famille des Béni-Mérin ; et il s'y forma une nouvelle dynastie qui, après avoir gouverné deux cents ans cette contrée appelée Feriquïa, fut détrônée par le célèbre corsaire Kreïr-Eddin, venu de la Turquie pour créer un nouvel État.

On le voit, à l'unité qui régnait au milieu des premiers conquérants avait succédé en Espagne, au Maroc et sur tout le littoral africain, une division qui

située au pied d'une montagne plantée de rochers. Elle a cinq portes, dont trois regardent le midi, savoir : la porte des Bains, la porte de Ouahab et la porte de Djoukra ; à l'orient, la porte des Rochers, et à l'occident la porte d'Abou-Korrah. (Ces portes, pour la plupart d'une belle architecture, existent encore aujourd'hui à l'état de ruines.) Cette ville renferme des ruines et des monuments qui remontent à une haute antiquité. Il y reste aujourd'hui un certain nombre de chrétiens qui ont conservé une belle église. On trouve souvent dans les ruines des objets précieux. Les anciens avaient amené à Tlemsan l'eau de plusieurs sources appelées *Lourit*, situées à une distance de 6 milles. Tlemsan est la capitale du Magreb-el-Oust (du milieu). Elle renferme des marchés, des mosquées, et une mosquée principale, des plants d'arbres fruitiers, et des ruisseaux sur lesquels sont placés des moulins. Elle est également la ville principale du pays des Zénettes (Kabiles de l'ouest), et le point de réunion des marchands des diverses nations.

Le port de Tlemsan était Rachgoun, ville assez importante, située à l'embouchure de la Tafna. Elle était défendue par des murailles épaisses, percées de trois portes principales cintrées, et contenait une belle mosquée, dont l'enceinte comprenait sept chapelles, et dont le parvis est une vaste citerne. (*Extrait des manuscrits des Bibliothèques nationales.*)

livra le pays à une guerre continuelle ; c'est dans ces luttes incessantes que les populations placées en face de nous aujourd'hui ont puisé cet esprit belliqueux qui est loin d'être éteint et que la plus faible étincelle rallumera.

Ainsi, pendant que les Béni-Mérin donnaient des sultans à Maroc, à Fez, à Méquinez et à Tlemcen, un certain Abou-Fârès de la famille des Béni-Hafsa, régnant à Tunis, entreprit la conquête du royaume de Tlemcen et donna le pouvoir sur cette province aux Béni-Ifferen d'origine berbère. En même temps Abou-Fares plaçait son fils Abd-el-Aziz à la tête du petit État de Bougie, qui garda son indépendance jusqu'en 1510, époque à laquelle don Pèdre de Navarre vint occuper cette place. Nous ne continuerons plus à signaler les diverses familles qui s'emparèrent du pouvoir, soit dans le Magreb proprement dit, soit dans les divers États de Tlemcen, de Bougie et de Tunis. Il suffira de dire qu'à Fez et à Méquinez le pouvoir sortit de la famille des Béni-Mérin et passa aux mains tantôt des Edrissiïn, puis des Alaouïn, tribus d'origine arabe. C'est de là que sont issus, jusqu'à nos jours, cette série d'émirs auxquels il nous a plu de donner le titre d'empereur du Maroc.

Pour être élu émir au Maroc, il faut appartenir à la classe des chorafâ [nobles] ou plutôt descendants du Prophète. Quelquefois les liens du sang donnent des titres au trône, mais l'état perpétuel de révolte des tribus et leurs exigences auxquelles viennent se joindre les intrigues des corporations religieuses, ont déterminé les droits de succession parmi les membres des deux grandes tribus El Edrissiïn et El Alaouïn (1).

Pour en terminer avec cette partie de notre étude qui anticipe un peu sur une époque qu'il nous reste à examiner, nous ajouterons qu'à la famille des Béni-Mérin avaient succédé à Tlemcen les Béni-Ifferen, puis les Ouled-Ziân, dont les derniers rejetons furent massacrés, dit-on, sous le gouvernement turc ; mais le pouvoir de ces derniers s'affaiblit progressivement et la plupart des tribus des provinces actuelles d'Oran et d'Alger se soulevèrent contre les souverains de Tlemcen, à cause de leurs exactions. Alors s'éleva une autre puissance contre laquelle les Turcs eurent longtemps à lutter. C'est celle des Mehall, tribu d'origine arabe, qui fonda Mostaganem, et qui, vaincue ensuite sous le gouvernement turc, alla s'établir dans le Sahara.

Mais l'affaiblissement du pouvoir des émirs du Magreb, les dissensions des Ouâli de Séville, des Algarves, de Murcie et de Grenade, permettaient aux rois de Castille et d'Aragon de préparer leurs desseins.

Ces déchirements furent favorables aux armes espagnoles, et bientôt Cordoue tomba au pouvoir de saint Ferdinand, en 1236, puis Valence au pouvoir du roi Jacques Ier, en 1238. Déjà, à cette époque, la

____

(1) Les Alaouïn prétendent tirer leur origine en ligne directe d'Ali, gendre du Prophète, dont il avait épousé la fille Fâtima. Les Edrissiïn prétendent également descendre de Fâtima. Ces deux familles sont chorafâ (nobles).

guerre entre les Espagnols et les musulmans était devenue à la fois nationale et religieuse. Ces deux peuples, durant cinq cents ans, s'étaient étudiés et avaient compris les antipathies de leur foi : comme eux, nous jugeons encore aujourd'hui que, malgré les utopies de quelques philosophes surannés, il n'y a pas d'alliance possible entre la croix et le croissant. Il est écrit que l'un de ces deux éléments doit absorber l'autre. Au milieu du xiiie siècle, les rois de Castille et d'Aragon, excités par l'esprit des croisades, avaient résolu de purger l'Espagne de ces étrangers, venus de l'Orient pour opprimer leur pays, et tous leurs efforts tendirent à resserrer les limites du pouvoir des Arabes.

Il semble que certains hommes souffrent de la réputation de sainteté faite à des princes dont le souvenir est resté glorieux. Leurs vertus ne sont qu'hypocrisie, leur esprit de conquête, puisé dans le patriotisme, n'est qu'une tendance cruelle, et les grandes mesures qu'ils prirent pour assurer le triomphe de leur sainte cause ne furent dictées que par la barbarie : mais, c'est en vain qu'on chercherait à déconsidérer le roi Ferdinand dont les œuvres parlent assez haut dans l'histoire de l'Espagne pour que son souvenir soit à l'abri d'injustes attaques. Est-ce que de nos jours nous n'entendons pas la voix d'une certaine presse crier à la barbarie lorsque des soldats français, décimés par le feu d'un ennemi acharné et par un climat mortel, incendient des villages, brûlent des arbres et des moissons, et finissent par diviser certains

terrains entre nos malheureux compatriotes, chassés
de la patrie par la faim et la misère! Le principe le
plus simple n'est-il pas d'attaquer l'ennemi dans ses
vrais intérêts?

Lorsque saint Ferdinand s'empara de la capitale
des kalifes, de ce foyer incandescent d'une foi enne-
mie, il jugea, avec raison, que pour en rester maître
il fallait en chasser les habitants, et, si l'on se reporte au XIIIe siècle, cette rigueur paraîtra nécessaire.
Valait-il mieux qu'il exposât son pays à une nouvelle
guerre sanglante plutôt que d'éloigner de Cordoue
des étrangers qui s'y étaient introduits de force? Mais
là ne devaient pas s'arrêter les succès du grand roi
chrétien. Tandis que la partie orientale de l'Espagne
était soumise par le roi d'Aragon, saint Ferdinand,
enhardi de ses succès, dirigea ses efforts contre Séville, qui, après une longue résistance, se rendit en
1248.

On a également reproché à saint Ferdinand d'avoir
laissé détruire beaucoup de monuments arabes à Cordoue et à Séville. Rien n'est moins juste, et il fau-
drait ne pas avoir assisté à une révolution pour croire
qu'un prince ou qu'un homme, soi-disant puissant,
fût en état d'arrêter le génie vindicatif et destructeur
qui anime les vainqueurs, surtout dans les guerres de
religion. Or, si de nos jours, nous avons vu des
bandes armées détruire et brûler des palais, et im-
moler sans pitié des chefs-d'œuvre de peinture et de
statuaire, parce qu'un nouvel ordre politique surgis-
sait, que devait-il se passer au milieu du XIIIe siècle!

Lorsque des populations, encore ignorantes, étaient conviées, de tous côtés, pour écraser un ennemi abhorré, là comme en d'autres temps, on vit les temples des vaincus consacrés au culte des vainqueurs, et la postérité a été juste en remerciant saint Ferdinand d'avoir transformé la mosquée de Cordoue en une cathédrale chrétienne qui s'est conservée jusqu'à notre époque.

Lorsqu'on ressasse longtemps une même idée, elle finit par dominer les principes, les opinions et nous rend injustes. Ainsi après avoir entendu parler avec enthousiasme du Koran et lui avoir vu citer avec respect certaines croyances de l'Islâm, nous avons été étonné d'entendre un écrivain, dont les études ont été dirigées sur l'Espagne et qui paraît aimer ce pays, déclarer ironiquement que le tombeau trouvé à Saint-Jacques de Compostelle n'était pas celui de Saint-Jacques Zébédée, mais bien le sarcophage d'un Romain quelconque. Pourquoi jeter le ridicule sur une des croyances les plus accréditées d'un pays chrétien? on pourrait comprendre ce dédain de la part d'un Almoravide; mais le scepticisme de ces modernes écrivains, enfants du doute et du libre examen, comme ils s'appellent orgueilleusement, ne prouve pas la force de leur esprit : il indique tout simplement la tyrannie de leur intelligence qui se plaît à saper la foi de leurs pères, parce que, succédant aux encyclopédistes, ils n'ont pas eu le courage de croire, préférant tout soumettre au creuset de leur étroite raison.

Cependant les secrets desseins de la Providence s'étaient accomplis dans la Péninsule et les musulmans, expulsés tout à la fois à l'ouest des Algarves et à l'est de Valence, se virent réduits à passer en Afrique, ou à se réfugier dans la province de Grenade, gouvernée alors par Ben-el-Hamar, qui prit le titre de Émir-el-Mouminîn [prince des croyants] et se déclara sultan. Quelques efforts de plus, et Ferdinand III eût pu affranchir complétement son pays du joug des Arabes; mais à d'autres princes était réservée cette gloire.

VI

Les successeurs de Ben-el-Hamar sur le trône de Grenade; Algésiras et Tarifa livrées aux Espagnols; bataille du Rio-Salado, perdue par les Africains venus au secours de leurs frères d'Espagne; querelle de Pierre-le-Cruel et de Henri de Transtamare, qui finit par décider l'union de l'Aragon et de la Castille; querelles intérieures à Grenade; le roi Zaquir livre cette capitale aux Espagnols en 1492.

Les événements et les succès des chrétiens s'étaient précipités sous le règne du roi saint Ferdinand; mais, soit par suite de la discorde qui régna parmi ses successeurs, soit en raison de l'extrême décadence du pouvoir des Arabes en Espagne et de l'exiguïté du royaume de Grenade, ce fantôme d'État, qui ne causait plus les mêmes inquiétudes, vécut encore durant de longues années.

Sans doute qu'alors les Espagnols n'avaient plus à garder ces ménagements obligatoires qui dirigèrent les premiers chefs arabes lorsqu'ils s'emparèrent de la Péninsule ; aussi beaucoup de tentatives partielles furent-elles faites constamment pour expulser les musulmans.

C'est à cette époque que Mohammed, l'un des successeurs de Ben-el-Hamar, encouragé par les dissensions qui suivirent la mort d'Alphonse IX, roi de Castille, s'exagérant sa force, méconnut son rôle et rêva de s'emparer de l'Andalousie. Mais ce fut en vain qu'il appela à son secours l'empereur du Maroc. Il fut renversé du trône en 1333, par Ioussef-abou-Hedjâdj, qui, plus sage, fit une trêve avec les chrétiens et se livra aux soins de l'administration de son royaume.

Mais la ville de Tarifa fut prise par les Espagnols, et Algésiras, ce point si favorable au débarquement des bandes africaines, tomba également au pouvoir du roi Alphonse en 1343, peu de temps après que la célèbre bataille de rio Salado eut mis un terme au passage des Africains en Espagne. Dans cette rencontre la déroute fut telle, du côté des musulmans, que 200,000 cadavres restèrent sur le champ de bataille ; l'émir du Maroc, qui naguère venait de passer le détroit à la tête d'une puissante armée, parvint à grand'peine à retourner à Fez, et Ioussef, le roi de Grenade lui-même, regagna sa capitale sans escorte.

1363. Ce fut alors que la querelle criminelle de Pierre-le-Cruel et de Henri de Transtamare émut la France ; celle-ci saisit ce prétexte pour déverser sur la Péninsule ces flots de bandits qui la dévastaient et qui coururent avec enthousiasme se ranger sous les ordres du célèbre du Guesclin.

Cette longue querelle permit à Mohammed V, roi de Grenade, de s'occuper du bonheur et de la prospérité de ses sujets, et son règne passe pour le plus heureux de cette époque. Il maria son fils avec la fille de l'émir de Fez, et mourut en 1391. Le royaume de Grenade, malgré quelques trames de sérail, continua à jouir, sous Mahomet II et Ioussef III, d'une grande tranquillité ; mais la mort de ce dernier marque la fin de cette heureuse période de l'histoire de Grenade, et ouvre une ère de dissensions, de désastres et de guerres civiles, qui ne se termine qu'à la suite de ce dernier rempart de l'islamisme en Espagne.

D'abord eut lieu une longue lutte entre Mouley-Mohammed-el-Hayzari et Mohammed-el-Seghîr (le Petit), et c'est alors qu'on voit apparaître à Grenade la famille des Aben Serrâdj (1). Mohammed-el-Seghîr fut décapité en 1429, mais d'autres conspirateurs se soulevèrent contre el Hayzari, et le renversèrent à son tour. Enfin, Ben-Ismayl monta sur le trône en 1454, et, enthousiasmé par le succès des Turcs qui venaient de s'emparer de Constantinople, ce prince refusa de renouveler le traité d'alliance avec Henri IV, roi de Castille ; les hostilités recommencèrent donc jusqu'en 1462, époque à laquelle la perte de Gibraltar, livré

----

(1) Aben-Serrâdj, mot à mot, *fils du sellier*. A la cour des kalifes et des émirs, une des premières charges était celle de Serrâdj, sellier, ou, pour mieux dire, grand veneur.

aux Espagnols, le décida à demander la paix, qui dura jusqu'en 1470.

Cependant de grands événements se préparaient en Espagne. Le roi de Castille, Henri, fut déposé; et lorsque Alonzo, son successeur, mourut, la ligue des barons déclara leur sœur Isabelle héritière du royaume de Castille. Elle fut donc mariée en 1467 au roi d'Aragon, Ferdinand, qui avait hérité du roi Jean II, et les conséquences inévitables de cette union ne se firent pas attendre, puisqu'elle arrêtait toute dissension entre les princes catholiques, en réunissant sous leur sceptre les couronnes de Castille et d'Aragon.

Abou-el-Hassan était arrivé au pouvoir en 1466. Téméraire, maladroit, il ne se rendit pas compte de la situation de l'Espagne, et croyant plus réels qu'ils ne l'étaient les embarras suscités par le roi de Portugal à la reine Isabelle, il refusa de payer l'impôt, et attira sur lui les forces combinées des chrétiens.

En même temps des intrigues de palais continuaient à affaiblir le pouvoir: à Grenade, deux princes d'une même famille, nommés le Zoquir et le Zagal, se firent une guerre acharnée, et prièrent les princes catholiques d'intervenir dans leurs querelles. Mais alors il ne s'agissait plus d'algarades et de combats inutiles, et les Espagnols, conduits par leurs souverains, se mirent en campagne en 1484, avec la ferme résolution de ne plus déposer les armes jusqu'à l'entière expulsion des musulmans de cette terre qu'ils avaient dominée depuis sept siècles. A des opérations militaires, sagement combinées, ils joignirent une politique adroite, ils accueillirent avec égard les ambitieux qui surgissaient de tous côtés à l'agonie du royaume de Grenade, et ils acceptèrent les propositions d'Abd-Allah-el-Zagal, qui leur livra les principautés d'Alméria et de Guadix en 1490.

En vain Grenade essaya de résister, le doigt de Dieu avait tracé la destinée de l'Islâm en Espagne; son heure était sonnée!

Il arriva à Grenade ce qui arrive dans tous les pays musulmans. Les haines, les passions de toute nature, étouffèrent l'autorité; le peuple, dans sa détresse, accusa alors ses faibles chefs des malheurs publics; il s'exaspéra, voulut résister et souffrit toutes les horreurs d'un long siége. Mais le terme de cette défense inégale était arrivé. Le roi Zaquir rendit Grenade aux Espagnols le 6 janvier 1492, et la ville fut aussitôt occupée militairement.

A cette date s'arrête l'histoire proprement dite de la conquête des Arabes en Espagne; mais il convient d'examiner quelles furent les conséquences de la victoire des chrétiens, avant de poursuivre notre étude sur le caractère de la domination des Arabes en Afrique.

VII

Caractère et politique des Espagnols depuis la chute de Grenade;
  édits d'expulsion dirigés contre les musulmans d'Espagne;
  attitude et rébellion des Morisques. Sur leur départ de la Péninsule, leur dissémination en Afrique, et sur l'oubli qui les a
  frappés; de la persécution exercée par le cardinal Ximénès;
  situation de l'Europe; établissement des Turcs à Alger; insuccès de Charles-Quint; offensive des chrétiens contre les puissances barbaresques; les corsaires algériens; apogée de la puissance ottomane; sa décadence sous le règne de l'impératrice
  Catherine II; progrès des Anglais dans l'Inde; succès du général Bonaparte en Égypte; conquête de l'Algérie par les Français en 1830.

On a dit que les Espagnols devaient rendre aux
musulmans le même traitement qu'ils reçurent eux-
mêmes des premiers conquérants, Târik et Moussa.
Cette exigence nous paraît illogique et injuste. Les
Arabes, venus de l'Asie, durent, pour se maintenir
dans la Péninsule, agir avec politique, et ne pas réduire au désespoir les Ibères et les Goths vaincus;
car ils ne disposaient que d'une armée peu nombreuse
qu'il importait d'entretenir et de mener toujours à la
victoire, sous peine d'être décimés et chassés. Il n'en
fut pas ainsi à la fin du xve siècle, lorsque l'Espagne
entière, moins une partie de l'Andalousie, était soumise aux lois du même sceptre. Il faut aussi considérer que durant huit siècles de luttes, les Espagnols
avaient senti pénétrer en eux, par un contact inces-
sant, l'humeur et le caractère de leurs oppresseurs.
Leur nationalité, leur fierté, étaient engagées dans

cette question; ils seraient devenus la risée de l'Europe, à cette époque où la barbarie faisait à peine place à la renaissance, s'ils fussent restés inactifs en face d'un petit État qui, bien que réduit, n'en était pas moins un foyer menaçant duquel pourraient encore surgir contre eux la honte et l'oppression. Ils étaient devenus fanatiques, et imitant l'intolérance des autres nations de l'Europe envers les juifs ou les protestants, excités d'ailleurs qu'ils furent par le cardinal Ximénès, ils commencèrent une persécution religieuse. Jugée à notre époque au point de vue de la philosophie du siècle, cette persécution est une monstruosité. Mais si l'on veut considérer qu'aujourd'hui encore les chrétiens rayas, qui habitent la Turquie et la Syrie, sont souvent exposés, malgré la protection du sultan, à des vexations cruelles, on s'étonnera moins du parti extrême que prit le roi Ferdinand au commencement du xvie siècle, d'expulser de la Péninsule les Morisques (nom donné alors aux musulmans) qui ne voudraient pas embrasser la religion catholique.

Les croisades et les longues luttes qui les suivirent, les ravages des Osmanlis, nouvellement établis à Constantinople, et les rares relations qui existaient alors entre les chrétiens et les mahométans, ne permirent pas de porter, comme de nos jours, un jugement modéré sur le Koran. A cette époque de barbarie, la guerre se faisait à outrance, le droit des gens était inconnu ; les Espagnols croyaient recouvrer la liberté et l'honneur en purgeant leur pays de ceux qui les avaient dominés si longtemps, et qui ne voulaient pas accepter le sort des vaincus; l'exaltation du clergé, l'ignorance du peuple et les exigences auxquelles doivent se soumettre les princes qui gouvernent, tout concourut à la persécution. Charles-Quint lui-même, le grand roi, dut obéir aux nécessités de son siècle, et, par un édit de 1526, il acheva l'expulsion des Morisques musulmans du royaume d'Espagne.

Il est vrai de dire que les Morisques s'attirèrent, par leur hypocrisie, leurs trahisons et leurs rébellions constantes contre l'autorité, la colère des Espagnols. Un des leurs, Ben-Oumeyah, voulut reconstruire le trône de Grenade, et, levant le masque de la révolte, il appela dans les montagnes des Alpuxarres tous ceux qui, ayant embrassé publiquement la foi catholique, paraissaient disposés à retourner à l'islamisme, en jurant de mourir en désespérés pour sa cause.

Cette longue suite de révoltes partielles et de brigandages eut sa fin en 1571, et un nouvel édit ordonna de disperser les rebelles dans les provinces de Castille et d'Estramadure.

Toutefois, remarquons qu'on a fort exagéré la cruauté des premiers édits d'exil. Ils atteignirent simplement ceux qui ne voulurent pas consentir à embrasser la foi chrétienne; et la preuve évidente de leur modération est qu'à la fin du xvie siècle, les Morisques comptaient encore 30,000 familles dans le seul royaume de Valence; le tort de ces malheureux fut, il est vrai, d'avoir feint d'adopter une religion qu'ils abhorraient, de fomenter dans l'ombre des troubles au milieu d'un pays où ils n'étaient plus que des étrangers en les excitant. On leur permettait d'emporter leurs biens et d'aller rejoindre leurs coreligionnaires d'Afrique et d'Égypte; mais, amollis par le beau ciel de l'Andalousie, ils ne purent se résoudre à quitter ces brillantes contrées, dont ils rêvaient sans cesse la domination. Cependant, à cette même époque, les guerres de Flandre et d'Italie dépeuplaient l'Espagne, et ce ne fut pas sans inquiétude que Philippe III vit l'accroissement considérable de la population des Morisques et leurs relations avec les puissances barbaresques et la Turquie. Ce prince, poussé à une mesure rigoureuse par le pape, publia donc l'édit de 1610, qui bannissait définitivement les Morisques du royaume. Cet ordre, qui causa une grande exaspération chez les bannis, était complétement exécuté en 1614, et l'on évalue à un million le chiffre des proscrits, ce qui prouve surabondamment qu'une population rebelle, aussi nombreuse encore après tant de misères, pouvait inquiéter à juste titre les rois d'Espagne.

Cependant aujourd'hui, appelé à nous prononcer sur ce fait, nous n'hésiterons pas à déclarer cette mesure sévère, que les idées du temps exigèrent, inhumaine, impolitique et désastreuse pour l'industrie et la prospérité de l'Espagne du xvi⁰ siècle. Les Morisques, de même que les juifs, avaient, dans leur isolement, recueilli les traditions d'une foule de métiers spéciaux qu'ils exerçaient avec une remarquable adresse; ils se distinguaient également et dans les travaux agricoles et dans les ouvrages hydrauliques. Leur départ causa donc un véritable dommage à l'Espagne, qui fut à jamais privée de leurs bras intelligents et laborieux; mais en même temps ce royaume avait trouvé une immense source de richesses au milieu de ces colonies qui furent fondées dans l'Amérique du Sud.

Faisons remarquer encore que ces Morisques, à peine embarqués pour l'Afrique, qui leur était assignée comme un lieu de refuge, reprirent aussitôt leur vraie dénomination : ils se disaient Arabes, nullement Mores, Berbères ou Kabiles, et ils vinrent comme tels demander l'hospitalité à leurs frères arabes, répandus sur les côtes septentrionales de l'Afrique, et nullement aux montagnards Zénètes de ces contrées. Mais les richesses dont ils étaient porteurs et la honte que leur imprimait leur défaite les exposèrent à la cupidité et à la méchanceté de leurs coreligionnaires. Ils furent indignement dépouillés, massacrés et dispersés par les Arabes et par les Turcs, qui gouvernaient alors l'Algérie. On ne cessait, pour couvrir les crimes dont ils furent victimes, d'invoquer comme prétexte leur lâcheté et leur incapacité, qui avait fait perdre à l'Islâm son plus bel État. Bientôt leurs malheurs furent oubliés, et aujourd'hui on cite à peine quelques familles éparses au milieu de ces vastes solitudes où errent les tribus, avouant secrètement que leurs ancêtres habitaient l'Espagne.

Ainsi, de ce colosse formidable dont le cœur reposait sur l'Arabie et dont les membres s'étendirent des bords du Gange au sommet des Pyrénées, que reste-t-il ? — Des contrées comme la Perse, le Korassan, l'Afghanistan, dont les chrétiens se disputent les morceaux ; des États comme ceux de la Turquie et de l'Égypte, qu'un concert européen protége contre la convoitise des Russes et des Anglais ; enfin d'immenses contrées, prospères jadis sous la puissance du génie romain, et livrées à la barbarie depuis douze siècles. L'Espagne, convertie d'abord au christianisme, s'était vue subitement sillonnée [par des hordes de cavaliers qui, profitant de sa stupeur, lui imposèrent des lois cruelles et impérieuses. Cependant, bientôt revenue de sa défaite, et ressentant la douleur du joug qu'elle s'était laissé imposer, fidèle à sa foi, à ses instincts romains ou européens, pour mieux dire, elle résolut de combattre. Sans doute que, dans le principe, les Arabes furent plus forts que les Chrétiens par l'intelligence, par le fanatisme et par les connaissances de toute nature qu'ils avaient puisées dans les livres grecs et latins ; mais le temps, les croisades, la navigation, les idées qui s'agitèrent en Europe, formèrent peu à peu les Espagnols, et la force, ce signe de la Divinité sur la terre, passa dans leurs camps.

Certes, personne n'ignore que durant les guerres modernes, des cruautés inouïes furent exercées dans la Péninsule. Faudrait-il pour cela mettre le peuple espagnol au ban de l'Europe ? Ce serait une injustice impossible d'ailleurs. Chaque temps subit ses phases ; au commencement de ce siècle, l'autorité était tout à fait abaissée en Espagne ; livrés presque à eux-mêmes, les Espagnols, irrités par l'envahissement de leur pays, entreprirent une guerre de partisans qui entraîna à beaucoup de cruautés. Qu'y a-t-il là d'extraordinaire? N'avons-nous pas vu les peuples les plus civilisés devenir tout à coup sanguinaires, en temps de révolution, ou pendant les guerres d'invasion, lorsque leur nationalité ou leur liberté étaient menacées ? Mais nous chercherions en vain, durant le xvie siècle, la trace d'exécutions sanglantes ordonnées par l'autorité, lorsque les Morisques furent expulsés d'un pays où leur présence était devenue un danger. Sans doute que le cardinal Ximénès et les rois d'Espagne Philippe II et Philippe III persécutèrent ces musulmans qu'il eût été généreux de laisser libres et en paix ; sans doute que le tort de ce siècle fut l'intolérance religieuse ; mais tandis que l'Espagne chassait durement ses anciens oppresseurs, la France était inondée du sang des protestants, et l'on voyait apparaître sur la scène politique les sombres et dramatiques figures de Catherine de Médicis et de Richelieu !

Qu'on ne dise pas cependant que l'expulsion des Arabes fut le signal de la détresse de l'Espagne ; si cette mesure que nous avons qualifiée priva l'Espagne de ressources réelles, il n'est pas moins vrai que c'est à la fin du xve siècle que l'Amérique fut découverte et durant le xvie que Charles-Quint étendit au loin sa puissance. Alors le peuple espagnol ressentait les bienfaits de l'unité, car les guerres intestines avaient cessé le jour de l'union de la Castille et de l'Aragon ; et jamais cet État ne fut plus grand qu'à cette époque par sa marine, par ses finances, par son commerce et par son armée : son agriculture seule souffrit.

Alors l'Europe commençait à sortir de sa léthargie, l'Angleterre était déjà un pays libre, et le peuple français fermentait au milieu de ses luttes religieuses : déjà dans les assemblées générales où se discutaient de graves questions tout indiquait les tendances de l'avenir. Les États européens se groupaient ; et bien que l'attitude des Turcs causât de justes appréhensions à la cour de Vienne, cependant l'Islâm penchait notablement sur son déclin et le monde civilisé n'en craignait plus les fureurs.

Le gouvernement de l'Oujak turc qui s'était établi à Alger, unique peut-être dans le monde, ne reposait que sur la violence et le vol. Les déprédations des pirates, leurs cruautés, leurs incroyables exigences, causaient à l'Europe entière une stupeur mêlée d'effroi. Les autres pays musulmans, moins barbares sans doute, étaient fort éloignés ; de telle sorte que l'Occident croyait pouvoir se former une idée plus précise de l'Islamisme d'après les actes de ces puissances barbaresques voisines qui jetaient un défi continuel à la liberté des mers qui baignent l'Europe.

L'insuccès de Charles-Quint devant Alger en 1550 pouvait être attribué à la mauvaise saison choisie pour tenter l'expédition ; mais les Turcs en tirèrent un orgueil excessif et redoublèrent leurs pirateries. Cependant les rôles étaient bien changés ; les musulmans n'apparaissaient plus sur les côtes de l'Europe méridionale que comme des brigands : ils débarquaient furtivement, rasaient les villages, les campagnes et s'enfuyaient sur leurs navires. Les chrétiens, au contraire, étaient venus planter leurs drapeaux au centre même de ces contrées barbares : à Ceuta, à Melilla, à Oran, à Bougie on vit flotter le drapeau espagnol. Plus tard, Louis XIV fit ruiner les murs du fort de Gigelly par le célèbre Duquesne, et le drapeau français, protecteur de la pêche du co-rail, fut arboré sur le bastion de France à La Calle. Les corsaires, il est vrai, infestaient toujours la Méditerranée, mais ils ne s'attaquaient plus aux bâtiments de guerre, ils en redoutaient l'approche et fuyaient à toutes voiles, chaque fois qu'ils apercevaient une ligne de sabords à l'horizon ; en un mot, ces pirates n'avaient plus aucun prestige de grandeur et ils n'inspiraient qu'horreur et mépris. Le commerce, il est vrai, craignait leurs brigandages, mais jamais les escadres et les flottes ne tinrent compte de leurs hostilités, lorsqu'il s'agissait de grandes opérations maritimes, soit sous le règne de Louis XV, quand les guerres de l'Inde furent entreprises, soit à l'époque de la guerre d'Amérique sous Louis XVI, soit enfin sous la République et le Consulat.

Cependant les idées du xviiie siècle et les conquêtes intellectuelles qui suivirent la révolution française ne pouvaient admettre plus longtemps cette menace continuelle jetée par un peuple barbare au monde civilisé.

Déjà les progrès des Anglais dans l'Inde avaient prouvé la faiblesse des États musulmans, vis-à-vis de l'organisation européenne. L'impératrice Catherine II avait chassé les Turcs de la Crimée et les avait reje-

tés au delà des Balkans. Les succès du général Bonaparte en Égypte mirent le sceau à la victoire de la
croix sur le croissant. Cette longue zone de terre qui,
partant du Sénégal, va se terminer à la presqu'île in-
dienne, ces régions exclusivement habitées par les
mahométans, étaient entamées profondément sur divers points.

Confinée dans des limites que les Russes avançaient
chaque jour, la Porte Ottomane, cette tête de l'Islâm,
ne songeait plus à faire trembler l'Autriche, mais bien
à maintenir l'intégrité de son territoire qu'elle plaçait
sous la sauvegarde de l'équilibre européen. L'Égypte,
régénérée par un grand homme qui sut utiliser le
génie de quelques Français, avait attiré les regards de
l'Europe sur l'Afrique ; des princes intelligents qui,
depuis le commencement du siècle, régnaient à Tunis,
y favorisaient les relations avec les chrétiens ; tout
semblait présager un grand événement.

Le 14 juin 1830, 30,000 Français débarquent à
Sidi-Ferruch, et, aux applaudissements du monde civilisé, renversent le gouvernement de violence établi
à Alger. La chrétienté se trouvait, de nouveau, en
présence de l'Islâm, mais ce n'étaient plus ces pala-
dins du moyen âge, sans ordre, sans discipline, lut-
tant au loin sur une terre brûlante contre ces cavaliers
sarrasins déjà si forts de leurs victoires récentes :
c'était la personnification de l'idée, de la civilisation
et de l'organisation venant combattre la force brutale,
la barbarie, le désordre enfin.

Toute opération avortée, soumise à l'examen, laisse

voir son germe de mort. Mais lorsqu'un grand projet est combiné avec sagesse et prudence, lorsque tout est calculé, lorsque le genre humain a atteint l'apogée de ses prévisions, c'est que Dieu préside au succès, et, lorsque l'aide vient de Dieu, la victoire est proche.

VIII

Nuances entre le pouvoir dans l'antiquité et chez les grandes nations du monde moderne : l'Angleterre, la Russie, les États-Unis d'Amérique et la France ; tendance de la France à combattre plus particulièrement l'islamisme ; incompatibilité du catholicisme et du mahométisme ; disposition des Arabes d'Algérie à l'égard des Français.

Rome soumit le monde par la puissance de son organisation, par la supériorité de ses armes, par cet inébranlable esprit de patriotisme qui puisait sa force dans l'orgueil de la noblesse et dans l'appui que lui prêtait l'esclavage. C'était le triomphe de la force.

Aujourd'hui quatre nations civilisées, les plus puissantes de l'univers, semblent obéir aux lois de destinées diverses. La nation anglaise chrétienne schismatique domine le monde par son commerce : sa vie est attachée au despotisme qu'elle exerce sur les mers. Jamais les hommes n'ont entendu parler dans les siècles passés d'une puissance commerciale et maritime aussi colossale. Mais quand on connaît les plaies vives du royaume-uni de la Grande-Bretagne, et lorsqu'on mesure les distances qui séparent ses colonies et les difficultés qui les assaillent, on doute que cette grande nation puisse porter plus haut sa gloire et son génie ;

l'aristocratie qui domine cet État bat en retraite, avec intelligence, devant le flot du paupérisme, mais ne sera-t-elle pas submergée? Et si ce bras puissant qui commande à des pays si lointains, d'intérêts si opposés, venait à faiblir, quelle loi d'adhérence pourrait donc les retenir dans la voie de la soumission?

La nation moscovite, également chrétienne schismatique, est essentiellement passive, patiente, et paraît destinée à assurer le développement du panslavisme, cette étrange doctrine qui réserve au czar, à la fois chef spirituel et temporel, un pouvoir qu'aucun homme n'avait jamais eu la prétention d'exercer, d'imaginer peut-être! Confiante dans sa foi, dans l'infaillibilité de son maître terrestre, dans la supériorité de son aristocratie, dans son extension prodigieuse, dans ses derniers succès militaires, cette nation mystique est poussée dans une voie dont elle suit sans inquiétude, sans doute, la pente naturelle, et l'on cherche à lui persuader qu'elle est destinée à soumettre et à régénérer l'Occident. Cependant la Russie ne domine l'Europe ni par son commerce, ni par son génie littéraire, ni par les arts, ni par les sciences, et elle préfère écouler en Asie ses produits industriels: c'est là qu'elle se montre supérieure. Déjà la Sibérie, les steppes situées entre les mers Caspienne et d'Aral obéissent à ses lois. Les troupes russes ne cessent de combattre dans les régions du Caucase où il leur importe de détruire un germe de résistance contraire aux projets ambitieux de l'empereur. Mais déjà l'influence de la politique de ce grand État pèse d'un poids énorme sur la Turquie et la Perse, ces deux pays musulmans déjà ébranlés, et qu'une régénération modelée sur celle des États chrétiens de l'Europe pourrait seule sauver des démembrements. — En un mot, le rôle de la nation moscovite dans l'Asie occidentale est tracé et suit des traditions immuables, et nous ne croyons pas à ces prédictions puériles d'une irruption prochaine et probable des hommes du Nord vers la vieille Europe occidentale.

Les États-Unis d'Amérique forment également une nation chrétienne protestante dont le génie commercial diffère peu de celui de l'Angleterre.

Placés vis-à-vis de populations sauvages, idolâtres, qui occupaient d'immenses contrées merveilleuses par leur fertilité, les colons américains, aventureux par nature, par nécessité, se sont avancés au loin, ont étonné par l'audace ces races primitives, puis les ont domptées et les ont refoulées dans d'impénétrables repaires. A ces entreprises individuelles succédèrent bientôt des expéditions plus importantes : d'une part l'accroissement de la population chrétienne et l'expansion de l'industrie, de l'autre l'ambition du gouvernement, reculèrent les premières limites que les colonies s'étaient fixées, et peu s'en faut maintenant que ce vaste continent de l'Amérique septentrionale ne soit en entier soumis aux États de l'Union. Là on a vu les merveilleux résultats d'une institution appelée The Bee [l'*Abeille*], qui ne pourrait malheureusement pas réussir dans nos pays où l'ancien régime municipal romain a laissé des traces profondes, mais qui s'harmonise avec les mœurs de ces peuples du Nord qui fournirent les premiers colons à l'Amérique. Cette admirable organisation de l'*Abeille* est le triomphe de l'association.

Pendant que ces diverses conquêtes s'accomplissaient dans le monde, la France, au contraire, perdait ses colonies, sa marine, et voyait décroître son commerce d'exportation. Un grand mouvement politique et intellectuel y avait suivi la Révolution de 1789. — Dans cet État purement chrétien, de tout temps le protecteur de l'Église catholique, les tendances sont plus spirituelles, plus déliées. On y fait passer les conquêtes de la liberté, de la justice et de l'égalité devant la loi, avant des succès plus matériels. — La France n'a pas le génie colonisateur ; l'Inde lui a échappé. Un grand homme, Dupleix, méconnu par son siècle, traça, sous Louis XV, d'une main sûre la marche d'une politique que son gouvernement refusa de suivre, mais que les Anglais, plus habiles, adoptèrent complétement, marche profondément calculée qui les mena à des succès inouïs : les destinées de notre patrie ne la portaient pas sans doute vers ces régions asiatiques. Les péripéties de son histoire s'étaient déjà accomplies en Palestine, autour du berceau du Christ; puis saint Louis porta ses armes contre Tunis, et plus tard les drapeaux de la République française s'immortalisèrent en Égypte.

Ainsi, tandis que durant ces derniers siècles l'Angleterre semblait s'attribuer le rôle de soumettre les populations de l'Inde, professant le Brahmanisme et

le Bouddisme, dont les pratiques, au reste, autori-
saient des mœurs douces et contemplatives ; tandis que,
d'une part, la Russie étendait sa puissance sur les
Guèbres de la Boukarie et de l'Astrakan, sur les
Bouddistes du Mongol et les idolâtres de la Sibérie, et
que, de l'autre, les États de l'Union semblaient des-
tinés à détruire l'idolâtrie et le fétichisme des sauvages du nord de l'Amérique, la France se trouva, encore
en 1830 et d'une manière directe, vis-à-vis du mahométisme, que son génie la porte plus particulièrement
à combattre. Effectivement, le christianisme et l'islamisme, bien que nés dans des régions voisines, et
seulement à six cents ans de distance l'un de l'autre,
bien que possédant des traditions et des doctrines
communes, sont deux religions inconciliables. Leur
morale diffère profondément, nous l'avons dit, et
nous sommes convaincu qu'elles ne peuvent vivre pa-
rallèlement et pacifiquement sous la même atmosphère.

Oui, les Arabes ont bien consenti à garder en Espagne ces populations gothes et ibères dégradées
qu'elles y avaient vaincues, à la condition qu'elles
paieraient l'impôt selon la loi religieuse, et qu'elles
accepteraient cette position humiliante que le Koran
fait à tous les hommes qui, ne pratiquant pas sa foi,
vivent au milieu d'un pays musulman. Mais les Arabes
ne consentiront jamais à accepter ce rôle de vaincus
vis-à-vis des Français en Afrique, pas plus qu'ils ne
l'acceptèrent après la chute de Grenade, jusqu'à leur
expulsion totale en 1610 de la Péninsule Ibérique,
bien qu'alors ils fussent très affaiblis.

« Baisse la tête, a dit Mahomet, lorsque la force
» n'est pas de ton côté, mais relève-la plus fière et
» frappe les infidèles pour assurer le triomphe de
» l'Islâm. Dieu est grand et généreux. »

Dans ce précepte est contenue l'explication de la
conduite actuelle des Arabes de l'Algérie à l'égard des
Français.

Vingt-deux ans forment une bien courte période
dans l'histoire d'un peuple, et il y aurait folie à construire dans une base aussi fragile tout un édifice de
prédictions. Nous ne nous sentons pas la force de nous
jeter dans cette voie obscure. Après avoir exposé le
caractère de la domination des Arabes en Espagne,
en discutant certains faits de leur histoire, nous sommes arrivé, en essayant d'étudier les tendances des
grandes nations modernes civilisées, à expliquer comment la France, obéissant à son instinct purement
chrétien, a été conduite d'abord à purifier la Méditerranée des brigands qui l'infestaient, puis à s'établir solidement en Algérie. Actuellement nous nous
bornerons donc à exposer nos espérances et nos idées
sur la marche de la colonisation dans ce pays, afin de
bien préciser, à notre point de vue, le caractère de
la domination française sur ces régions barbares.

IX

En Algérie l'œuvre de l'armée est loin d'être terminée, mais le
moment est venu de favoriser déjà tous les essais de colonisation; l'expérience doit prononcer sur certaines théories; les
nouvelles lois sur la propriété et les douanes sont bonnes; in-
dication des mesures principales qu'il reste à prendre actuellement pour favoriser le développement de la colonie; considérations sur les colonies agricoles, sur leur emplacement et sur les
terres qui doivent leur être de préférence affectées; texte de la
loi musulmane sur la propriété; rôle de l'armée dans l'avenir;
influence de la France sur la Méditerranée et sur l'Orient; la
nouvelle politique que lui impose l'Algérie.

Malgré les erreurs de l'opinion sur l'Algérie, une
certaine sagesse, plus forte que les influences passa-
gères, a présidé depuis la conquête d'Alger au gouvernement des affaires de ce pays. C'était bien l'œuvre
de l'armée qui devait précéder celle de la colonisation,
dont les impatiences commencent à se calmer. Avant
de songer à la culture d'un champ, il fallait être sûr
de sa tranquillité et n'être pas exposé à prendre alter-
nativement la pioche et le fusil; et bien que tout d'a-
bord chacun se soit empressé de bâtir à l'envi des
systèmes qui ont pu renfermer des idées fécondes, et
qu'il eût été utile d'éprouver dans des entreprises par-
ticulières, l'État fut sage en restant indifférent à ces
questions secondaires au début de notre conquête. Le
moment n'était pas venu; mais aujourd'hui que le
temps a marché, nous croyons qu'il appartient désor-
mais à l'État de provoquer et de protéger tous les
essais.

Tout vérifier, tout simplifier, cette devise d'un célèbre publiciste, nous voudrions la voir appliquée en Algérie. La politique mériterait-elle la confiance et l'admiration du peuple si elle n'aboutissait qu'à démontrer l'impuissance des gouvernements qui se succèdent? L'Afrique aujourd'hui doit être une grande arène offerte à toutes les expériences dans la plus grande extension du mot. Ou elles réussiront, ou elles échoueront: si elles réussissent, ce sera un progrès; si elles échouent, le pays recueillera de leur chute un enseignement fécond, un avantage. Durant cette période expérimentale, l'État fera sagement de rester impassible et de n'entreprendre qu'à coup sûr et selon les données qui auront déjà reçu la sanction du succès. Longtemps encore le rôle dominant de l'État en Algérie sera de consolider sa conquête, de la compléter et d'étouffer radicalement ces ferments de rébellion qu'il faut s'attendre à voir surgir souvent et sur toute l'étendue du vaste territoire de nos possessions.

Il existe une puissance supérieure à celle de l'art oratoire et de la logique, c'est celle des faits et de l'expérience. Effectivement, les meilleures idées, de même que les innovations les plus utiles, peuvent être renversées par d'habiles discours, mais l'expérience qui a amené un progrès, un bienfait pour l'humanité, triomphe à la longue et toujours des obstacles. Or, il est un danger qui grossit comme les flots de la marée, c'est le paupérisme chez les nations modernes. Si libres qu'étaient les Républiques anciennes, l'esclavage y était organisé, et la majeure partie des populations, enlacée dans l'étreinte des fausses croyances du paganisme, ne songeait ni à son affranchissement ni à son bien-être. Le christianisme, au contraire, développé durant dix-huit siècles, a complétement changé le monde moral; il a produit la civilisation européenne, susceptible de perfectionnement sans doute. Mais fût-elle la dernière expression de l'humanité soumise aux lois des sociétés, le premier devoir des gouvernements européens, leur plus sainte mission est d'assurer l'existence des classes malheureuses en équilibrant les courants impétueux qui les agitent; là est l'avenir de l'Occident et la garantie de tout ce qui cause sa supériorité et sa gloire.

Or, pour préciser davantage nos idées à cet égard, disons qu'il est sage de donner certaines satisfactions à l'opinion. Ainsi, au lieu d'avoir laissé M. Cabet se diriger vers l'Icarie, annonçant qu'il allait y fonder une nouvelle société, on eût mieux fait de concéder à ce philosophe un terrain situé dans une contrée tranquille de l'Algérie, qui eût été témoin de ce système.

Nous aurions aimé également à voir encourager les adeptes de M. Considerant à fonder un phalanstère aux environs de Bône, dans ces contrées pacifiques où personne ne viendrait contrarier le développement de ces belles théories.

Nous voudrions surtout voir faire en Afrique l'essai de ces colonies agricoles dont le devis a été exposé si lucidement dans l'ouvrage intitulé : *De l'extinction du paupérisme*, par le prince Louis Napoléon. Que résulterait-il de cette tolérance, de cette protection de l'Etat? Ou les essais s'éloigneraient indéfiniment des théories, et alors il serait démontré que ces organisations ne peuvent fonctionner selon leurs propres lois, et qu'elles sont contraintes d'avoir recours aux règles bien connues de l'association, telle qu'on la pratique dans l'armée et dans certains centres industriels. Les théories seraient jugées dans l'application, et au moins l'État, en donnant cette satisfaction publique, aurait fourni un aliment à l'appétit des esprits. Mais serait-il possible d'admettre que dans une pareille tentative on ne verrait pas jaillir une étincelle nouvelle, une réforme utile? La politique y gagnerait de toute façon, ne fût-ce qu'en renversant complétement des systèmes constamment reproduits, et entourés d'une auréole qui tire son éclat de la persécution; il triompherait, ne fût-ce qu'en constatant leur opportunité ou leur stérilité par la souveraine épreuve de l'expérience.

L'attention publique, captivée par les grands événements de l'époque, a été détournée depuis quatre ans de la question d'Afrique. On dit, avec raison, qu'avant de songer aux colonies il faut assurer l'existence de la métropole, et l'on s'est jeté de préférence dans les stériles luttes politiques de l'actualité. Cependant, nous qui croyons que l'Algérie contient des éléments essentiels et opportuns à la prospérité présente et future de notre patrie, nous ne céderons pas à l'émotion générale, et, restant fidèle à nos affections, nous chercherons à approfondir cette vaste question à la fois si féconde et si neuve.

Hâtons-nous donc de reconnaître que, malgré les préoccupations causées par la politique intérieure, de grandes et sages mesures ont été prises récemment à l'égard de l'Algérie. Nous les avons préconisées dans des écrits précédents, et nous éprouvons la joie de les voir appliquées aujourd'hui. Des lois sur les douanes et la propriété viennent d'être publiées, et elles seront favorables aux intérêts de la colonie. Un journal, quoique insuffisant, publié en langue arabe, et répandu dans les tribus, des écoles de langue arabe, établies dans les principales villes de l'Algérie, et dont le nombre devrait être augmenté, propagent des connaissances utiles. L'impulsion donnée à certaines tribus de se construire des habitations stables est une mesure sage déjà pratiquée, et qui ne saurait être trop activée; d'un autre côté, l'établissement d'un régime hypothécaire propre à faciliter les opérations financières et commerciales entre les colons, celui d'une succursale de la banque de France, qu'on dit prochain; l'exploitation des richesses territoriales déjà appréciées, et qui offrent 640,000 hectares de forêts et une grande quantité de riches mines de fer, de cuivre, d'antimoine, de plomb, reconnues par des ingénieurs distingués; enfin, l'assimilation de la zone coloniale à la métropole, en ce qui concerne l'administration intérieure, mais avant tout, l'achèvement des ports et l'armement de la côte: telles sont, en résumé, les mesures complémentaires qui nous semblent préparer la prospérité future de cette colonie.

Cette étude ne comporte pas un traité de colonisation; assez d'écrits de ce genre ont été faits par d'autres plus versés que nous dans l'administration d'un grand pays, dans les questions de commerce et d'agriculture. Nous saluerons toujours avec bonheur le progrès lorsqu'il luira, sans nous informer de son origine : puissions-nous le provoquer par notre dévouement et nos efforts !

Nous nous bornerons donc à quelques simples considérations sur la marche actuelle de la colonisation, telle qu'elle est suivie. Ces villages habités par trop d'hommes de professions diverses, et peu aptes à l'agriculture sous ce ciel brûlant, n'ont pas été établis partout dans des contrées fertiles. Ici il a fallu défricher un pays difficile, là on a été entraîné à de trop grandes dépenses par le manque de matériaux, là on n'a pas assez tenu compte des influences morbides. En général, selon nous, toutes les colonies agricoles devraient s'appuyer à la mer, être situées, avant tout, au centre des terrains défrichés les plus fertiles, et être livrées, de préférence, à des populations agricoles méridionales, sans distinction de nation. Le drapeau tricolore les abriterait toutes, et la loi française les administrerait; leurs labeurs profiteraient donc à la métropole. La province de Constantine, particulièrement sur le littoral qui s'étend entre La Calle et Collo, nous a paru être la contrée la plus favorable au développement de la colonisation ; et c'est là surtout que doivent se porter longtemps encore les efforts du gouvernement. A notre point de vue, tous les travaux agricoles exécutés loin de la côte, excepté ceux de la Mitidja, nous semblent compromis et livrés aux éventualités de la guerre.

C'est ici le lieu de faire quelques remarques. D'abord il n'y a pas à indemniser en argent les Arabes auxquels certains territoires auraient été enlevés pour être livrés à la colonisation. L'État doit se borner à leur désigner d'autres terres, soit parmi celles appelées domaniales, soit même au milieu de ces vastes solitudes occupées par les tribus. Nous ne pouvons, vis-à-vis des Arabes, admettre d'autre règle que celle posée par la loi religieuse qui les régit : « Le » sol est à Dieu, qui délègue ses droits au souverain, » et ses sujets ne sont que des usufruitiers. » Quant aux biens Melk établis par des actes authentiques émanant des cadis, c'est une propriété que l'État doit respecter. Au reste, comme il dispose dans toutes les provinces des nombreux domaines provenant de l'ancien Beylik, ce sont ceux-là qu'il doit livrer de préférence à la colonisation. Il paraît infiniment probable que si dans le principe quelques fractions de tribus se trouvent englobées dans les centres coloniaux, elles ne peuvent y continuer leur vie traditionnelle. Ou les Arabes, et ce sera le plus petit nombre, se décideront à modifier leurs mœurs et à fixer leurs intérêts, ce qui les entraînerait dans des infractions à leurs devoirs religieux; et, dans ce cas, ils seraient entièrement acquis à notre cause, ou bien ils se retireront, et, dans tous les cas, l'élément français absorbera l'autre.

Lorsque les chrétiens, appuyés sur la mer, auront

formé une vaste zone peuplée et couverte d'intérêts sérieux, leur position en Algérie deviendra inexpugnable. Alors peu de troupes devront rester sur le littoral, défendu en temps ordinaire par les milices et l'artillerie. Une armée forte de 50,000 hommes, nous l'avons démontré dans un mémoire spécial, suffira pour maintenir le pays tant que les puissances barbaresques limitrophes ne déclareront pas la guerre à la France, et les troupes devront se maintenir à peu près toujours dans la zone déjà occupée, en réservant les postes les plus avancés aux troupes d'infanterie et de cavalerie indigène. Le nombre des corps spéciaux et coloniaux devra être augmenté dans cette armée, ainsi que la cavalerie, dont l'effectif est actuellement trop faible.

Mais le rôle de la France doit-il se borner à la colonisation de l'Algérie, cette chimère peut-être, qui ne lui rendra jamais les trésors d'argent qu'elle y aura enfouis? Point d'illusions à ce sujet.

Ces vastes espaces se prêtent sans doute merveilleusement à la situation présente de cette France, qui se meurt de pléthore, et c'est bien là qu'il faut attirer actuellement, par des avantages positifs, cette nuée de bras immobiles qui encombrent nos départements les plus riches; c'est bien là qu'on trouvera une nouvelle séve qui ravivra certains commerces, et donnera de l'activité à notre marine marchande; mais, au point de vue de l'équilibre européen, lorsque sur cette côte longue de 250 lieues les ports formés par la nature y auront été complétés par l'art, nous aurons acquis dans la Méditerranée une influence qui nous dédommagera de la perte de Malte, des îles Ioniennes et de l'Égypte. Alors aussi la question d'Orient, si vitale pour l'Europe occidentale, puisera dans cette grande attitude de la France un puissant élément de solution dans le sens favorable à la cause de la liberté et de l'humanité. Dans ces grands intérêts, la France recueillera aussi de véritables dédommagements à ses sacrifices en Algérie.

La possession de l'Algérie commande donc une politique nouvelle à la France. En augmentant la force et le nombre de ses comptoirs africains sur la côte de l'Atlantique, pour répandre ses produits par les grandes artères du Sénégal et de la Guinée ; en surveillant avec une grande attention l'attitude du Maroc, en maintenant à Tunis la prédominance morale que nous y avons acquise ; en reprenant les vieilles traditions de la politique française dans le Levant, c'est-à-dire en cherchant à apaiser les schismes chrétiens pour augmenter le nombre des catholiques qui nous sont à jamais dévoués ; enfin en nous montrant puissants dans nos nouvelles possessions par la grandeur et par la solidité de nos édifices, par nos routes, par notre gouvernement, surtout par notre caractère national, nous nous préparerons ainsi la souveraineté de l'Afrique, de ce vaste continent inconnu où les sciences et l'industrie trouveront de nouveaux éléments à leur appétit. Et dans une entreprise aussi éminemment civilisatrice quelles seraient donc les nations européennes qui n'applaudiraient pas aux efforts de cette généreuse France qui les a affranchis du honteux tribut payé naguère encore aux États barbaresques!

X

Conclusion.

Nous ne prolongerons pas cet aperçu, bien incomplet sans doute, sur le caractère de la conquête des Arabes en Espagne et sur le rôle des Français en Algérie. Il a été facile d'apercevoir le but que nous nous sommes proposé.

On semble prendre à tâche depuis quelques années d'exagérer la puissance des premiers Arabes et leur influence sur notre moderne Europe. Nous croyons avoir réduit ces assertions à leur juste valeur, en expliquant l'origine et la situation des peuples auxquels l'Islâm fut imposé, en analysant les périodes principales du kalifat de Cordoue et du royaume de Grenade, en esquissant à grands traits l'aspect de l'Afrique septentrionale depuis la conquête de Moussa jusqu'au morcellement survenu à la chute des Almohades. Nous n'avons pas eu la pensée de rabaisser la valeur et la réputation poétiques de ces guerriers sarrasins qui dominèrent l'Espagne pendant huit siècles. Est-ce qu'au milieu de cet amas de ruines accumulées par le temps, parmi ces sceptres brisés, dans cette vaste nécropole qu'on appelle le monde, il n'est pas évident que Dieu s'est plu à accomplir d'impénétrables desseins? A quelque foi superbe que nous obéissions, est-ce que le temps ne nous emporte pas tous vers cet océan inconnu, éternel, où vont se confondre la grandeur et la gloire des peuples, ainsi que la vanité et l'infirmité individuelle.

Loin de nous donc cette pensée coupable de vouloir tout expliquer ; mais persuadé de la supériorité du christianisme, édifiés par un long séjour dans les pays musulmans sur la barbarie qu'inspire l'Islâm, nous nous sommes plu à étudier les vraies causes de la décadence des Arabes, et à réfléchir sur le rôle que la France peut jouer aujourd'hui vis-à-vis de ses adversaires en Algérie. Là, ce nous semble, doit s'accomplir une haute mission, et de même que les autres grandes puissances du monde civilisé obéissent chacune à des instincts que nous avons essayé d'expliquer, la France nous a paru être plus particulièrement destinée à dominer l'Afrique par son génie et par ses armes.

Nous voici donc arrivé au terme de cette étude élémentaire, et notre but sera atteint si nous avons pu réveiller l'attention du public sur cette partie encore obscure de l'histoire d'une terre à jamais française, dont les entrailles, fouillées chaque jour, renferment tant d'enseignements utiles à notre politique présente. Sous cette poussière brûlante que nous foulons sont entassées des ruines immenses : les tempêtes révolutionnaires ont englouti dans ces contrées mouvantes de nombreux pouvoirs basés sur la force matérielle et sur de fausses croyances. Soyons, nous chrétiens, confiants dans l'avenir de l'Algérie : l'avenir du monde est au christianisme ; les siècles se développent, les empires se succèdent, mais la religion s'est toujours soutenue dans ses différents états depuis le commencement du monde jusqu'à notre temps, et elle nous donnera une grande force dans nos projets sur cette belle conquête dont l'avenir intéresse à un si haut degré notre glorieuse patrie. Qu'il nous soit donc permis de dire que les études dirigées d'une part vers l'histoire des Arabes et des anciens dominateurs des Mauritanies, et de l'autre vers des religions opposées qui se trouvent actuellement en présence, donneront les meilleurs éléments de la solution de ce grand problème, à laquelle nous nous efforçons de travailler : l'avenir de l'Algérie.